U0795371

2019年主题出版重点出版物

“十三五”国家重点出版物出版规划项目

新时代马克思主义经典文献精学导读丛书　主编/顾海良

# 《路德维希·费尔巴哈和德国古典哲学的终结》精学导读

陈锡喜　李国泉◎著

科学出版社

北京

## 内 容 简 介

《路德维希·费尔巴哈和德国古典哲学的终结》是恩格斯对马克思世界观形成所作的"简要而又系统的阐述"，列宁把它列为"每个觉悟工人必读的书籍"，中国共产党长期以来把它列为必读经典。本书在吸收改革开放以来国内外马克思主义理论界对该著作新的研究成果的基础上，对这本著作的写作背景、直接动机、理论框架、主要内容、历史意义和当代价值作了通俗诠释，以帮助我们深刻认识它在马克思主义发展史上的地位，同时能更全面、准确地掌握马克思主义世界观方法论的精神实质。

本书适合马克思主义理论类专业的本科生、研究生，以及广大党员干部和对马克思主义理论感兴趣的人士阅读。

**图书在版编目（CIP）数据**

《路德维希·费尔巴哈和德国古典哲学的终结》精学导读/陈锡喜，李国泉著. —北京：科学出版社，2019.12
（新时代马克思主义经典文献精学导读丛书/顾海良主编）
"十三五"国家重点出版物出版规划项目
ISBN 978-7-03-063301-9

Ⅰ. ①路…　Ⅱ. ①陈…　②李…　Ⅲ. ①《路德维希·费尔巴哈和德国古典哲学的终结》-恩格斯著作研究　Ⅳ. ①A811.24

中国版本图书馆 CIP 数据核字（2019）第 256314 号

责任编辑：杭　玫 / 责任校对：贾娜娜
责任印制：霍　兵 / 封面设计：润一文化

**科学出版社** 出版
北京东黄城根北街 16 号
邮政编码：100717
http：//www.sciencep.com

**天津市新科印刷有限公司** 印刷

科学出版社发行　各地新华书店经销
*
2019 年 12 月第　一　版　开本：720×1000　1/16
2021 年　4　月第二次印刷　印张：13
字数：129 000

**定价：39.00 元**

（如有印装质量问题，我社负责调换）

# 丛书编委会

**主编：** 顾海良

**成员：**（以姓氏拼音字母为序）

艾四林　陈锡喜　丰子义　李佑新

刘　军　佘双好　孙蚌珠　孙代尧

孙来斌　孙熙国　王　东　王宏波

王树荫　肖贵清　徐俊忠　张雷声

# 总　　序

“新时代马克思主义经典文献精学导读”是根据新时代学习马克思主义经典著作的需要，对各主要的经典著作所蕴含的马克思主义基本原理及其精神实质作出学习和研究性导读。

马克思主义基本原理是马克思主义的理论精粹，体现了马克思主义的根本性质和整体特征，体现了马克思主义立场观点方法的核心要义，体现了马克思主义科学性、人民性、实践性和时代性的思想特征。习近平总书记指出：“掌握马克思主义，最重要的是掌握它的精神实质，运用它的立场、观点、方法和基本原理分析解决实际问题。”[①] 在坚持和发展中国特色社会主义中，我们说“老祖宗”不能丢，在根本上就是马克思主义基本原理不能丢。

马克思主义基本原理深刻地蕴含于马克思主义经典著作之中；马克思主义经典著作是马克思主义基本原理的思想本源和理论基础。同时，马克思主义经典著作也蕴藏着马克思主义经典作家汲取人类探索真理的丰富的思想成果，深刻展现了马克思主义经典作家攀登科学高峰、矢志追求真理的精神境界。深入研读马克思主义经典著作是理解和掌握马克思主义基本原

① 习近平：《中国共产党 90 年来指导思想和基本理论的与时俱进及历史启示》，《学习时报》2011 年 6 月 27 日。

理的必修课，也是理解和掌握马克思主义理论体系的基本功。如习近平总书记所指出的："共产党人要把读马克思主义经典、悟马克思主义原理当作一种生活习惯、当作一种精神追求，用经典涵养正气、淬炼思想、升华境界、指导实践。"①

"马克思主义就是我们共产党人的'真经'，'真经'没念好，总想着'西天取经'，就要贻误大事！"②在提到学习《共产党宣言》的重要意义时，习近平总书记提出："广大党员、干部特别是高级干部要学好用好《共产党宣言》等马克思主义经典著作，坚持学以致用、用以促学，原原本本学，熟读精思、学深悟透，熟练掌握马克思主义立场、观点、方法，不断提高马克思主义理论素养。"③理论联系实际，在深化马克思主义经典著作研究阐释中，"推进经典著作宣传普及，让理论为亿万人民所了解所接受，画出最大的思想同心圆。"④

"新时代马克思主义经典文献精学导读"对各经典著作的研究阐释，由北京大学、中国人民大学、北京师范大学等高校马克思主义学院从事马克思主义经典著作教学和研究的学者担纲。在对各经典著作的研究阐释中，首先力求对各经典著作形成的社会和历史条件作出准确解读，凸显相应的马克思主义基

① 《十九大以来重要文献选编》上，中央文献出版社 2009 年版，第 434 页。

② 《习近平关于全面从严治党论述摘编》，中央文献出版社 2016 年版，第 66 页。

③ 习近平：《中国共产党是〈共产党宣言〉精神忠实传人》，《人民日报》2018 年 4 月 25 日。

④ 习近平：《深刻感悟和把握马克思主义真理力量 谱写新时代中国特色社会主义新篇章》，《人民日报》2018 年 4 月 25 日。

本原理形成和发展的思想基础和理论背景；其次力求对各经典著作理论内涵和精神实质作出系统导读，彰显新时代学习和实践相应的马克思主义基本原理的理论意义和现实意义；最后力求对经典著作中体现的科学原理和科学精神相结合的思想特征作出全面论述，更为深刻地理解“历史和人民选择马克思主义是完全正确的，中国共产党把马克思主义写在自己的旗帜上是完全正确的，坚持马克思主义基本原理同中国具体实际相结合、不断推进马克思主义中国化时代化是完全正确的”[①]。

“要以科学的态度对待科学，以真理的精神追求真理，不断赋予马克思主义以新的时代内涵。”[②] 习近平新时代中国特色社会主义思想就是当代中国马克思主义，就是 21 世纪马克思主义。学习马克思主义经典著作，要同学习习近平新时代中国特色社会主义思想结合起来。在这一结合中，更为深刻地理解习近平新时代中国特色社会主义思想，更有定力、更有信心，也更加自觉、更加自信地坚持和发展新时代中国特色社会主义，确保中华民族伟大复兴的巨轮始终沿着正确航向破浪前行。

顾海良

2019 年 11 月 1 日

①《十九大以来重要文献选编》上，中央文献出版社 2009 年版，第 427—428 页。

② 习近平：《深刻感悟和把握马克思主义真理力量 谱写新时代中国特色社会主义新篇章》，《人民日报》2018 年 4 月 25 日。

# 目　　录

导语 …………………………………………………………………………… 1
第一章　19 世纪 80 年代恩格斯为捍卫马克思主义的旗帜而斗争 …… 4
　一、无产阶级与资产阶级的矛盾呈现出新的特点 ………… 4
　二、德国流行的折中主义和新康德主义阻碍了马克思主义的传播 ……………………………………… 13
　三、恩格斯感到有必要系统回顾马克思主义与德国古典哲学的关系 ……………………………………… 22
第二章　以评述施达克的《路德维希·费尔巴哈》为契机 ………… 30
　一、评述《路德维希·费尔巴哈》构成恩格斯写作的直接动机 ………………………………………… 30
　二、以历史和逻辑相统一的方法论搭建理论框架 ………… 36
第三章　黑格尔哲学的合理内核、内在矛盾及黑格尔哲学学派的解体 ……………………………………………… 42
　一、一个引起近世政府感激和近世自由派愤怒的命题（第一部分第 1—6 自然段） ……………………… 42
　二、黑格尔哲学革命的方法被过分茂密的保守体系所窒息（第一部分第 7—12 自然段） ………………… 50

三、黑格尔学派的解体和费尔巴哈唯物主义的产生（第一部分第 13—19 自然段）………………………………… 56

**第四章　哲学基本问题与费尔巴哈唯物主义的基本内核**……………63

一、全部哲学特别是近代哲学的重大基本问题（第二部分第 1—7 自然段）………………………………… 63

二、费尔巴哈哲学的“基本内核”和他不愿意自称为唯物主义的原因（第二部分第 8—10、14—16 自然段）…………………………………………………………… 73

三、随着自然科学领域中每一个划时代发现唯物主义必然要改变形式（第二部分第 10—13 自然段）…… 78

四、费尔巴哈在社会历史领域没有前进（第二部分第 17—24 自然段）………………………………………… 82

**第五章　费尔巴哈的唯心主义历史观及其根源**……………………87

一、费尔巴哈宗教观批判：显露了真正的唯心主义（第三部分第 1—7 自然段）………………………………… 87

二、费尔巴哈伦理观批判：与黑格尔比起来是惊人的贫乏（第三部分第 8—18 自然段）………………………… 91

三、费尔巴哈没能找到从抽象王国通向现实世界的道路（第三部分第 19—20 自然段）……………………………… 97

**第六章　马克思主义世界观诞生的思想史条件和主要内容**…………99

一、马克思把唯物主义世界观彻底运用到所研究的一切领域（第四部分第 1—5 自然段）………………………… 99

二、自然科学三大发现使对自然过程相互联系的认识大踏步前进了（第四部分第 6—8 自然段）……107
三、社会发展同自然界是有区别的但又是有规律的（第三部分第 9—12 自然段）……112
四、历史发展的动力：人民群众、阶级斗争、经济基础和上层建筑（第四部分第 13—25 自然段）……119
五、科学越是毫无顾忌和大公无私就越符合工人的利益和愿望（第四部分第 26 自然段和结语）……134
**第七章 《费尔巴哈论》是每个觉悟工人必读的书籍**……139
一、《费尔巴哈论》是全面阐述马克思主义哲学的光辉著作……139
二、《费尔巴哈论》为第二国际和俄国社会主义运动提供思想指南……146
三、中国共产党是《费尔巴哈论》精神的忠实传人……153
**第八章 《费尔巴哈论》与建设新时代中国特色社会主义**……163
一、在新时代社会存在的基础上更加能动地推进各项工作……163
二、让中国特色社会主义更加符合规律地向前发展……174
三、推动实现物的不断丰富和人的全面发展的统一……186

# 导　语

恩格斯在1886年写的《路德维希·费尔巴哈和德国古典哲学的终结》(以下简称《费尔巴哈论》)，翻译成中文，加上序言，不过35 000字左右，比我们一般文科硕士生写的毕业论文还要短。但是，为什么恩格斯说，这是对马克思世界观形成的一个“简要而又系统的阐述”？为什么列宁把它与《共产党宣言》并列，说“是每个觉悟工人必读的书籍”？为什么在中国共产党革命、建设、改革的各个历史时期，中央都把它列为党的领导干部必读的马克思主义经典之一？本书就是想通过对这本经典著作的写作背景、主要内容、历史意义和当代价值的阐释和阐述，来回答上述问题。

本书分三大部分八章。第一部分包括第一、二章，阐述写作背景；第二部分包括第三～六章，阐释主要内容；第三部分包括第七、八章，阐述历史意义和当代价值。具体地说：

一、19世纪80年代恩格斯为捍卫马克思主义的旗帜而斗争。主要阐述《费尔巴哈论》写作的实践背景和理论背景：恩格斯感到有必要系统回顾马克思主义与德国古典哲学的关系。

二、以评述施达克的《路德维希·费尔巴哈》为契机。主要阐述恩格斯写作《费尔巴哈论》的直接动机，以及以历史和逻辑相统一的方法论所搭建的理论框架。

三、黑格尔哲学的合理内核、内在矛盾及黑格尔哲学学派的解体。主要阐释《费尔巴哈论》第一部分的内容：恩格斯对黑格尔客观唯心主义哲学的全面评述，涉及德国古典哲学产生的历史背景和社会作用，黑格尔哲学辩证法的“合理内核”和革命性质，以及它的体系的唯心主义和保守性质之间存在的内在矛盾，黑格尔哲学学派解体以及费尔巴哈唯物主义出现的必然性。

四、哲学基本问题与费尔巴哈唯物主义的基本内核。主要阐释《费尔巴哈论》第二部分的内容：恩格斯对费尔巴哈旧唯物主义的全面评述，涉及哲学基本问题及其两个方面的内容，对费尔巴哈哲学“基本内核”及缺陷的评价。

五、费尔巴哈的唯心主义历史观及其根源。主要阐释《费尔巴哈论》的第三部分的内容：恩格斯对费尔巴哈哲学在历史观上的唯心主义的评述，涉及费尔巴哈唯物主义的不彻底性，费尔巴哈历史观的唯心主义在宗教哲学和伦理观中的集中体现，宗教和伦理的历史性与阶级性。

六、马克思主义世界观诞生的思想史条件和主要内容。主要阐释《费尔巴哈论》第四部分和结语的内容：恩格斯对马克思主义哲学的创立过程及其基本原理的系统论述，涉及马克思对费尔巴哈的超越是把唯物主义贯彻到了历史领域，其方法论是把黑格尔的辩证法奠定在唯物主义基础上，从而创立了唯物史观，以及对唯物史观基本原理的系统论证。结语简要阐明了马克思主义哲学在研究对象和社会功能两方面实现的革命性变革，从而体现出在实践基础上的科学性和革命性相统一的特征。

七、《费尔巴哈论》是每个觉悟工人必读的书籍。主要阐述《费尔巴哈论》的历史价值：在马克思主义发展史上的重要地位、对国际共产主义运动的深远影响，以及在中国的译介、传播和产生的作用。

八、《费尔巴哈论》与建设新时代中国特色社会主义。主要阐述《费尔巴哈论》的当代价值：必须在新时代社会存在的基础上更加能动地推进各项工作，必须让中国特色社会主义更加符合规律地向前发展，必须推动实现物的不断丰富和人的全面发展的统一。

# 第一章　19 世纪 80 年代恩格斯为捍卫马克思主义的旗帜而斗争

恩格斯的《费尔巴哈论》写于 1886 年初。这个时候马克思已经逝世。当时，从时代背景来看，无产阶级与资产阶级的矛盾呈现出新的特点。从理论背景来看，德国流行的折中主义和新康德主义阻碍了马克思主义的传播。因此，为捍卫马克思主义的旗帜，恩格斯感到很有必要系统回顾马克思主义与德国古典哲学的关系。

## 一、无产阶级与资产阶级的矛盾呈现出新的特点

1883 年“3 月 14 日下午两点三刻，当代最伟大的思想家停止思想了。让他一个人留在房里还不到两分钟，当我们进去的时候，便发现他在安乐椅上安静地睡着了——但已经永远地睡着了。这个人的逝世，对于欧美战斗的无产阶级，对于历史科学，都是不可估量的损失。这位巨人逝世以后所形成的空白，不久就会使人感觉到”。[1]——这是恩格斯在 1883 年 3 月 18 日在

①《马克思恩格斯选集》第 3 卷，人民出版社 2012 年版，第 1002 页。

马克思墓前讲话的第一段话。正如恩格斯所说，马克思逝世后，像他那样，将思想家和革命家的双重身份集于一身的，将理论与实践有机统一、知识渊博性和思想深刻性完美体现的哲人，尚无后来者。

马克思和恩格斯共同从事理论研究，共同批判错误思潮，共同领导国际无产阶级运动，他们在长达约 40 年的合作中结下了异常深厚的友谊。列宁曾经说过："古老传说中有各种非常动人的友谊故事。欧洲无产阶级可以说，它的科学是由这两位学者和战士创造的，他们的关系超过了古人关于人类友谊的一切最动人的传说。恩格斯总是把自己放在马克思之后，总的说来这是十分公正的。他在写给一位老朋友的信中说：'马克思在世的时候，我拉第二小提琴。'他对在世时的马克思无限热爱，对去世后的马克思无限敬仰。"①

马克思恩格斯在创立马克思主义理论后，积极投身工人运动。《共产党宣言》发表后的半个世纪，马克思主义从工人运动中的一个思想派别的地位，上升到工人运动的指导思想，马克思主义也从理论转化为运动的实践，拓展为国际共产主义运动。

在革命战友逝世以后，一方面，他和恩格斯所创立的理论，已深深融入工人运动的血液中；另一方面，资本主义的新变化和工人运动的新发展，使捍卫马克思主义世界观和领导工人运动的重担，落到了第二小提琴手恩格斯的肩上。恩格斯在这时

①《列宁选集》第 1 卷，人民出版社 2012 年版，第 95 页。

写作《费尔巴哈论》，最为主要的目的，是希望推进马克思未完成的事业，继续为无产阶级的斗争提供科学思想指南。所以，研究这部著作的时代背景，首先要从历史上考察资产阶级和无产阶级各自的发展状况及其相互关系。

19世纪80年代初，资本主义的发展进入了相对稳定的时期，资产阶级的革命热情已经基本消退。在17、18世纪，资产阶级具有极高的革命热情。他们领导发起了一系列的反对封建社会制度的革命。从1640年起，英国资产者与新贵族结成联盟共同发起资产阶级革命。这场革命最终推翻了君主专制制度，为资本主义经济的发展开辟了道路。18世纪中后期开始的工业革命，创造了巨大的生产力。工业革命在英国以外的广泛扩展，使资本主义生产进入了机器化大工业时代。1789年爆发的法国大革命，则从另一条道路上深刻影响了资本主义的发展。它大规模地引发了资产阶级反对封建统治的革命热潮。用英国历史学家霍布斯鲍姆的话来讲，法国大革命引发了世界革命，它“为世界大部分地区提供了自由和激进民主政治的词汇和问题”[①]。

工业革命和法国大革命共同推动了19世纪资产阶级革命和改革的浪潮。在19世纪60—70年代，世界资本主义的发展呈现出新的阶段性特点。其一，19世纪60年代相继发生了俄国农奴制改革、美国南北战争和日本明治维新运动，资本主义制度在世界范围内纷纷确立，资本主义世界体系初步形成。其

① [英]艾瑞克·霍布斯鲍姆：《革命的年代：1789—1848》，王章辉等译，中信出版社2017年版，第64页。

二，以 19 世纪 70 年代爆发的第二次工业革命为契机，资产阶级不断改进生产技术，加强对资本的垄断，推动资本主义迈入由自由资本主义向垄断资本主义过渡的时期。在这一时期，资本主义已经在经济和政治上完全战胜了封建主义。而当资产阶级确立对世界的统治地位之时，他们的革命激情也就基本上消失殆尽了。

一边是资产阶级革命热情的不断消退，而另一边则是无产阶级的革命觉悟和组织性的逐步提升。无产阶级是资本主义工业化的产物。资本主义生产的发展，使得社会日益分裂为两大对立的阶级，即资产阶级和无产阶级。无产阶级是不得不靠出卖自身劳动力谋生的现代雇佣工人。在资本主义制度下，他们是被资产家剥削和压迫的对象。他们虽然付出了大量的劳动，但是却十分贫困。1848 年，马克思和恩格斯发表了《共产党宣言》，从此，无产阶级反对资产阶级的斗争，有了科学理论的指导。

随着马克思主义的传播和工人运动的高涨，欧洲各国无产阶级越来越意识到，资本对工人的压迫越来越具有国际性质，全世界无产者必须联合起来，才能共同对抗资产阶级的国际联合，为了加强团结，有必要建立自己的组织。1863 年，波兰人民爆发了反对沙皇俄国压迫的运动，各国工人阶级立即在道义上和行动上，支持波兰民族运动。它直接促进了欧洲各国工人运动统一组织的建立。

1864 年 9 月 28 日，国际工人协会（简称“国际”，1889 年在恩格斯领导下诞生了新的“国际”后，人们一般把国际工人协会称为“第一国际”）成立大会于在伦敦召开，英国、法国、德国、意大利等国家的工人代表参加了大会。它是第一个国际性的无产阶级革命联合组织，对国际共产主义运动有重大的影响。“国际从未提出任何特殊的信条教义。它的任务就是组织劳动力量，团结各种各样的工人运动，使它们联合起来。协会能获得如此巨大的发展，就在于这样一种环境：全世界的劳动人民越来越遭受压迫；而这就是获得成功的秘密所在。……国际的新颖之点就在于它是工人们自己为自己建立的。国际建立以前的所有各种组织，都是统治阶级中的激进分子为工人阶级建立的一些社团，而国际则是工人们为自己建立起来的。”[①]

马克思为第一国际的成立和发展做出了重要的贡献。协会一致推选马克思等九人起草革命纲领。10月底，马克思完成了《国际工人协会成立宣言》和《国际工人协会共同章程》两个历史性文件的起草。这两个文件，奠定了国际工人协会的思想基础和组织原则。这表明，欧洲工人运动，从一开始就有马克思思想的指导，马克思因此而成为国际工人协会的精神领袖。在马克思和恩格斯的带领下，第一国际贯彻马克思主义的革命路线，团结各国无产阶级，积极支持各国工人斗争，声援和促进被压迫民族的解放斗争，推动各国进步的民主政治运动；同时，在内部还开展了反对各种机会主义思潮的斗争。这一切，使欧洲工人运动得到了蓬勃发展。

① 《马克思恩格斯选集》第3卷，人民出版社2012年版，第1005—1006页。

第一国际的革命活动首先在德国取得了重大进展。1869年8月，威廉·李卜克内西、奥·倍倍尔等人组织在爱森纳赫召开全德社会民主党工人代表大会，成立德国社会民主工党，即爱森纳赫派。德国社会民主工党是人类历史上第一个民族国家范围内的无产阶级政党。它自成立以来就宣告自身为第一国际的一个支部。这一政党主要接受马克思主义的指导，并积极支持第一国际的工作，大力推动国际工人运动。令人感到可惜的是，它后来向拉萨尔派做出无原则的妥协让步。1871年，德国结束了长期的分裂状态，实现了统一。这为结束德国工人运动的派系斗争创造了有利的条件。在这种状况下，爱森纳赫派积极向拉萨尔派寻求统一。1875年5月，德国社会民主工党在哥达召开的代表大会上与拉萨尔派合并为德国社会主义工人党。在它们公布的《合并纲领草案》中，充斥着大量的拉萨尔主义的错误观点。马克思主义创始人写作《哥达纲领批判》和多次致信爱森纳赫派领导人，强烈反对这种放弃科学社会主义原则的妥协让步。

到1870年春，法国已经有近50万工人参加第一国际。1870年，普法战争爆发，法国资产阶级成立了屈辱卖国的“国防政府”。巴黎工人突破政府的限制，大批加入国民自卫军。1871年，法国政府同普鲁士签订和约，要解除国民自卫军，这触发了巴黎人民的起义。由工人阶级主导的国民自卫军中央委员会，成为革命临时政府。3月26日，巴黎进行了公社选举，28日宣告成立巴黎公社。这是人类历史上第一个无产阶级执掌的政权。巴黎公社起义是一次伟大的无产阶级运动。这次起义的导火线是法国在普法战争中的惨败，但它的深层根源是贫苦的劳动大众对资产阶级压迫的抗争。面对资产阶级临时政府对普鲁士军队的屈膝投降，巴黎的工人们意识到他们的解放必须由自己去争取。通过起义，工人们建立了自己的国民自卫队和政权机构，颁布了一系列有利于劳动者的政策和法令。公社的性质就是工人阶级夺取政权。这是不应该有异议的。马克思称赞它是全新的历史创举："公社的真正秘密就在于：它实质上是工人阶级的政府，是生产者阶级同占有者阶级斗争的产物，是终于发现的可以使劳动在经济上获得解放的政治形式。"[①]恩格斯也说："你们想知道无产阶级专政是什么样子吗？请看巴黎公社。这就是无产阶级专政。"[②]

巴黎公社同第一国际以及马克思有着密切的联系，在 87 名公社委员中，第一国际会员就有 37 人。巴黎公社的起义，得到了第一国际的积极支持和声援。马克思也全身心地关注巴黎公社，一开始就在收集关于公社活动的各种材料，并受第一国际总委员会的委托，着手起草告全体会员的宣言。1871 年 5 月 30 日，公社最后一个街垒陷落仅仅过了两天，马克思就完成了长达 3 万多字（译成中文）的宣言，即《法兰西内战》，它深刻地总结了巴黎公社的经验。恩格斯在 1874 年的一封信中谈到巴黎公社与第一国际的关系，他说："公社无疑是国际的精神产儿，

① 《马克思恩格斯选集》第 3 卷，人民出版社 2012 年版，第 102 页。
② 《马克思恩格斯选集》第 3 卷，人民出版社 2012 年版，第 56 页。

尽管国际没有动一个手指去促使它诞生；要国际在一定程度上对公社负责是完全合理的。”[①] 恩格斯关于“公社无疑是国际的精神产儿”的论断是非常深刻的。

只可惜，由于资产阶级的血腥镇压，公社只存在两个月左右就走向了失败。巴黎公社失败后的第二个月，工人诗人、也是公社委员的鲍狄埃，躲过了敌人的搜捕，在巴黎郊区一座破旧的房子里，回忆战斗中一幕幕悲壮场面。怀着满腔热血，他写下了一首激昂的战斗歌曲献给战友，并用“国际工人协会”的简称“国际”来命名，这就是伟大的《国际歌》。1888 年，法国工人作曲家狄盖特为《国际歌》谱上曲子，歌声很快就传遍了全法国、全欧洲乃至全世界，从此成为国际无产阶级共同的战歌。列宁说：“一个有觉悟的工人，不管他来到哪个国家，不管命运把他抛到哪里，不管他怎样感到自己是异邦人，言语不通，举目无亲，远离祖国，——他都可以凭《国际歌》的熟悉的曲调，给自己找到同志和朋友。”[②] 巴黎公社失败以后，欧美资本主义进入和平发展时期，欧洲各国政府对第一国际的活动进行迫害，使国际无法开展统一各国工人运动的活动。而各国工人运动也都面临着一个新的任务，那就是在自己在国内建立无产阶级政党。“国际停止以旧形式进行活动。当时是喝饱了光荣的公社鲜血的反动势力猖獗到了极点的时候。旧的国际如果继续进行活动，就只会造成得不偿失的牺牲；国际把自己的

①《马克思恩格斯选集》第 4 卷，人民出版社 2012 年版，第 515 页。

②《列宁选集》第 2 卷，人民出版社 2012 年版，第 302 页。

会址迁到了美国，也就是退出了舞台。”[①] 1876年7月，第一国际完成了它的历史使命，在美国费城宣告解散。

在巴黎公社起义以后，许多非无产阶级的错误思潮相继被工人所抛弃。马克思主义则有着完全不同的结果。这一理论通过第一国际的革命活动不断实现与工人运动的结合。在第一国际后期，马克思主义广泛为各国的工人所接受，它在世界范围内产生了重要的影响。第一国际解散后，欧美各国工人阶级为了积聚革命力量，迎接未来战斗，在马克思恩格斯直接关怀下，相继建立起了社会主义工人政党。马克思逝世后，恩格斯承担起独立领导国际共产主义运动的重任。1886年5月1日，美国工人为争取八小时工作制，举行了35万人的总罢工，后遭到政府的血腥镇压。美国工人的总罢工，被恩格斯称为是当时世界上最重要的事件之一。在工人阶级的坚决斗争下，一个月后，终于争得了八小时工作制的权利。

在恩格斯写作《费尔巴哈论》前夕，无产阶级与资产阶级之间的矛盾达到了一个新的高潮。在马克思主义广泛传播的背景下，工人运动在世界范围内蓬勃发展，无产阶级反抗资产阶级的革命斗争日趋尖锐化。恩格斯在1885年描述道：“欧洲和美洲无产阶级的国际运动现在已经壮大到如此地步，以致不仅它那狭窄的第一个形式即秘密同盟，而且连它那更广泛无比的第二个形式即公开的国际工人协会，对它来说也成为一种桎梏

① 《马克思恩格斯全集》第22卷，人民出版社1965年版，第479页。

了；单靠那种认识到阶级地位的共同性为基础的团结感，就足以使一切国家和操各种语言的工人建立同样的伟大无产阶级政党并使它保持团结。……现在，这个学说在世界一切文明国家里，在西伯利亚矿山的囚徒中，在加利福尼亚的采金工人中，拥有无数的信徒；而这个学说的创始人、当时受到人们的憎恨和诽谤最多的一个人——卡尔·马克思，直到逝世前，却是新旧两大陆无产阶级经常请教的、并且总是乐于提供帮助的顾问。”[①]

为在第一国际解散后和马克思逝世后，在无产阶级同资产阶级斗争出现新特点的历史条件下，给无产阶级提供完整、准确的马克思主义理论的武装，指导工人运动蓬勃发展，就是恩格斯撰写《费尔巴哈论》的时代背景。

## 二、德国流行的折中主义和新康德主义阻碍了马克思主义的传播

恩格斯是德国思想家，研究他写作《费尔巴哈论》的时代条件，不得不先对当时德国的理论环境做一番考察。1848年革命以后，德国在哲学领域中发生了全面的转折，“这个民族坚决摒弃了在柏林老年黑格尔派中陷入困境的德国古典哲学”[②]。随着黑格尔主义作为国家哲学的倒台，各种被冠以哲学名义的学说争相出现。在此后的二三十时间里，德国的理论思维事实上

①《马克思恩格斯选集》第4卷，人民出版社2012年版，第215—216页。
②《马克思恩格斯选集》第3卷，人民出版社2012年版，第875页。

处于杂乱无章的状态。各种折中主义之徒，几乎占据着大多数的大学教席，他们在大学里展开思想竞争。而在德国古典哲学的残羹剩汁中，只有复活康德唯心主义传统的新康德主义得以幸存。折中主义和新康德主义的流行，给马克思主义世界观在无产阶级中的传播，制造了思想障碍。

### 1. 50 年代起在德国公众中日益流行的折中主义思潮

折中主义不是一种单一的学说，而是一股思潮的统称，是把一些不同观点、方法拼凑在一块形成的理论产物。在 50 年代的德国出现的各种折中主义，都是由过时的旧哲学的残余拼凑而成的。尽管它们的来源成分不尽相同，但是均带有明显的形而上学思维特征。恩格斯在 1878 年写成的《〈反杜林论〉旧序·论辩证法》中，描述了对德国社会影响较大的两类折中主义思潮。他说："在公众当中流行起来的一方面是叔本华的、尔后甚至是哈特曼的迎合庸人的浅薄思想，另一方面是福格特和毕希纳之流的庸俗的巡回传教士的唯物主义。"[①]

叔本华是唯意志论的创始人和主要代表之一。他的代表作是 1819 年出版的《作为意志和表象的世界》。这本书在出版时，是被人们所忽视的。叔本华在书中把康德的自在之物范畴、柏拉图的理念论和印度佛教思想调和在一起，建构了他自己的形而上学。叔本华把世界分为意志和表象两部分，认为意志是自然界和人类社会的主宰力量，而任何表象都只不过是意志的客

① 《马克思恩格斯选集》第 3 卷，人民出版社 2012 年版，第 875 页。

体化。他提出生命意志本质上是一种盲目的、无法遏制的欲求，人在追求实现这种意志的时候，必然会不断地经历着痛苦和空虚。叔本华哲学带有鲜明的唯心主义和悲观主义色彩，他自称创造了一个比其他哲学都高明的“新的哲学体系”。

有一个关于叔本华和黑格尔竞争的小故事。1820 年，叔本华来到黑格尔所在的柏林大学任教。当时，黑格尔的哲学受到广泛欢迎，在柏林大学拥有大批的追随者。叔本华对此不以为然，他认为黑格尔只不过是一位沽名钓誉的诡辩家。由于对自己的学识充满信心，他意欲与黑格尔一较高下。于是，叔本华主动向学校申请把他的课排在黑格尔课堂的同一个时间，想看看学生们到底更喜欢谁的哲学。结果，他败北了。黑格尔的课堂依然座无虚席，但是叔本华的课堂却非常冷清，只有三三两两的学生。

1848 年德国的资产阶级革命是一个重要转折点。由于这次革命，黑格尔主义受到了沉重打击，而叔本华哲学却突然受到资产阶级的追捧。一个重要的原因是，叔本华哲学中的悲观主义色彩，刚好吻合了在革命中大败的资产阶级的悲观情绪。在革命爆发时，德国资本主义的发展水平远落后于同在欧洲的英国和法国。英国和法国的资产阶级已经发展成为一股强大的势力，他们基本上消灭了封建制度。但是在德国，资产阶级却处于弱势地位。“德国的封建贵族却仍然保留着很大一部分旧日的特权。封建土地所有制差不多到处都还居于统治地位。”① 1848

①《马克思恩格斯选集》第 1 卷，人民出版社 2012 年版，第 568 页。

年的革命在性质上是资产阶级领导的革命，是反抗封建势力的斗争。但最终，强大的封建贵族们打破了资产阶级要求建立统一的德意志君主立宪国家的幻想。

恩格斯在《德国的革命与反革命》中，描述了德国资产阶级的惨败状况："资产阶级期待出现奇迹，但是却为自己和自己的代表赢得了耻辱。工商业资本家阶级在德国遭受的失败，比在任何其他国家都更加惨重。最初他们在德国各邦被打败，被击溃，被逐出官场，后来在德国的中央议会里遭到痛击，遭到侮辱和嘲笑。政治自由主义，即资产阶级的统治，不管是采取君主政体还是共和政体的形式，在德国永远不可能实现了。"① 受到 1848 年革命的影响，叔本华哲学在资产阶级中变得十分流行。他的书被销售一空，他在德国和欧洲都获得了极高的声誉。

在 19 世纪 60 年代末，叔本华的思想在德国得到进一步的发扬光大。作为叔本华唯意志论的继承者，爱德华·哈特曼通过调和黑格尔哲学和叔本华哲学，提出"无意识哲学"。他同样从唯心主义立场上抨击唯物主义世界观。他认为，"无意识"是意志和表象的绝对的统一，是一切存在的基础和前提。哈特曼的代表作《无意识哲学》在 1869 年一经出版，很快就产生很大的影响。到 1882 年，这本书已经出到第 9 版，可见他的思想大受欢迎。

当然，相比于叔本华及哈特曼的思想，恩格斯显然更关注

① 《马克思恩格斯选集》第 1 卷，人民出版社 2012 年版，第 661 页。

另一类折中主义思潮，即“福格特和毕希纳之流的庸俗的巡回传教士的唯物主义”。毕希纳1872年出版《人及其过去、现在和将来在自然界中的地位》，在书中提出自然界在人身上达到自我意识的时刻正在到来的观点，展示了庸俗的唯物主义思想。对此，恩格斯感到不满，他准备写一部批判毕希纳的著作，并于1873年初写出了提纲（后来改变计划，转入写作《自然辩证法》）。

这个提纲的第一段写道：“这一派别的产生。德国哲学消融于唯物主义。对科学的控制被排除了。庸俗的唯物主义通俗化者一哄而起，他们的唯物主义据说要弥补科学的贫乏。盛行于资产阶级德国和官方德国科学极度衰落的时代——1850—1860年。福格特、摩莱肖特、毕希纳。相互的保险。——由于达尔文主义变为时髦并被这些先生们立即借用而引起的新的活跃。”[①] 对这段话作分析，有利于我们还原庸俗唯物主义的面貌。

庸俗唯物主义是19世纪中期产生于德国的一股思潮。它的主要代表人物都是一些自然科学家，包括德国的博物学家福格特、医生毕希纳和荷兰的生理学家摩莱肖特等。19世纪50年代，自然科学已经取得了重大的进步，特别是细胞学说、能量转化定律和达尔文进化论的发现，为人们在理论领域观察自然界的辩证联系提供了可能。但是，资产阶级德国和官方德国科学在1850—1860年处于一个衰落的时期。原因主要有两个：一

①《马克思恩格斯选集》第3卷，人民出版社2012年版，第891页。

是当时的自然科学还处在剧烈的酝酿过程中，它的意义还没有在德国真正显示出来；二是在封建专制制度的统治之下，德国自然科学的发展受到严格的控制。就是在这个时候，福格特等巡回传教士们提出，要用他们的“唯物主义”来“弥补科学的贫乏”。

庸俗唯物主义的实质，是把德国哲学消融于18世纪在法国流行的机械唯物主义。这是一种以自然界的物质运动来解释人类社会的机械论世界观。法国医生和启蒙思想家拉美特利，则是典型的代表人物，他以自然科学为根据提出“人是机器”的命题。法国唯物主义坚持唯物论和无神论，对于反对封建主义和宗教神学，有进步意义。但是其缺陷，则是犯了形而上学的错误。在这方面，庸俗的唯物主义者并没有超过他们的法国老师。他们“把辩证法同黑格尔派一起抛进大海，因而又无可奈何地陷入旧的形而上学”①。他们作为自然科学家，当然比较关心自然科学的进展情况，但却只是把这些进展当作论证无神论观点的新材料。

如果庸俗唯物主义仅仅是恢复法国唯物主义的传统，这在唯心主义盛行的时候，不失为一件好事。但是，庸俗唯物主义的危害在于，它实际上宣扬了社会达尔文主义。恩格斯说：“人们本来可以听其自然，让他们从事自己的虽然狭隘但尚可称道的职业，即教给德国庸人以无神论等等。但是，第一，他们对

① 《马克思恩格斯选集》第3卷，人民出版社2012年版，第875页。

那些毕竟给德国带来荣誉的哲学家大肆谩骂（文句尚待引证），第二，他们妄图把他们的自然理论应用于社会并用来改良社会主义。这就迫使我们不得不注意他们了。”[①] 达尔文在其代表作《物种起源》中不仅探讨生命的起源问题，还描述了生物界的进化进程。他认为这一进化遵循“最适者生存”法则，而其动力则源于生存斗争下自然选择的力量。庸俗唯物主义把达尔文的进化论思想照搬到人类社会，主张社会领域的“最适者生存”。这为资产阶级的殖民扩张主义及其与无产阶级的贫富对立等问题提供了思想基础。

### 2. 70 年代以后新康德主义在德国社会的广泛流传

恩格斯在《费尔巴哈论》1888 年单行本序言中，既批判“各大学里借哲学名义来施舍的折中主义残羹剩汁”，同时也提到德国古典哲学的“复活”问题。[②] 在英国和斯堪的纳维亚各国，复活德国古典哲学的思潮中，主要是复活黑格尔哲学的新黑格尔主义，而在德国，则主要是复活康德哲学的新康德主义。这两股思潮都坚持和发展了德国古典哲学中的唯心主义因素。它们的理论基础是不同的。新黑格尔主义对黑格尔哲学作主观唯心主义的阐述，而新康德主义则要求重新理解康德哲学的意义。我们在这里主要考察后者。19 世纪 70 年代以后广泛流行于德国的新康德主义，对《费尔巴哈论》的写作构成了直接的影响。

---

①《马克思恩格斯选集》第 3 卷，人民出版社 2012 年版，第 891—892 页。

②《马克思恩格斯选集》第 4 卷，人民出版社 2012 年版，第 218 页。

新康德主义的产生是有针对性的。它是反对科学领域日益泛滥的庸俗唯物主义的产物。新康德主义是一股旨在复活康德哲学的思潮。它的重要奠基人是德国哲学家李普曼和朗格。1865年，李普曼在他的著作《康德及其追随者》中提出“回到康德去”的口号，标志着新康德主义的面世。朗格则在《唯物主义史及对其在目前的意义的批判》一书中，对新康德主义的主要观点作了比较明确的阐述。早期新康德主义者说，康德是自亚里士多德以来最伟大的哲学家，他从根本上超越了传统的形而上学体系。

让我们来看一下康德哲学。康德是德国唯心论传统的奠基者。根据传统哲学的认识，知识必须符合对象，但是康德把这一逻辑关系颠倒了过来。他自诩实现了“认识论的哥白尼革命”。哥白尼把太阳和地球的关系颠倒过来，以日心说取代地心说而实现了科学上的革命。康德提出对象应当符合我们的先验认识形式。他认为自己在哲学上实现了同等意义的革命。因为坚持先验哲学，康德最终导致了不可知论：我们所能认识的，只是事物的表象，而不能跨过表象去认识它们的本来面目——自在之物。

对于康德的不可知论，新康德主义者视为至宝。他们说：“我们可能正确地感知事物的特性，但是我们不能通过感觉过程或思维过程掌握自在之物。这个‘自在之物’处于我们认识的彼岸。”[①] 恩格斯在《〈反杜林论〉旧序·论辩证法》中对此作

---

① 《马克思恩格斯选集》第3卷，人民出版社2012年版，第758页。

了批判。他指出："这种新康德主义的最终结论就是永远不可知的自在之物，也就是康德哲学中最不值得保存下来的部分。"[①]为什么说自在之物是康德哲学中最不值得保存下来的部分？其实，黑格尔已经在理论上作了回答：当我们认识了某种事物的一切性质，我们也就能认识这一事物本身，这样，在我们之外的不可知的自在之物也就不存在了。在实践上也是如此。在康德所处的年代，对于自然界的很多事物，我们都无法认识。正因为这样，康德才可以主观创造出一个我们不可认识的神秘之物。但是到 19 世纪 70、80 年代，自然科学的发展使一些原先未知的事物"已经接二连三地被理解、分析，甚至重新制造出来了；我们当然不能把我们能够制造的东西当做是不可认识的"[②]。然而新康德主义者并不愿意承认这两个方面的证据。

新康德主义的不可知论，其实是一种"羞羞答答的"唯物主义。什么叫"羞羞答答的"唯物主义？这是恩格斯的概括。在《社会主义从空想到科学的发展》英文版导言中，他用反问的语气说道："真的，不可知论如果不是（用兰开夏郡的一个富于表现力的字眼来说）'羞羞答答的'唯物主义，又是什么呢？"[③]新康德主义的不可知论者，其实在自然观上是唯物主义的，但是又不同意人们把他们的思想看作某种唯物主义。这与他们对唯物主义的理解有关，也就是把当时流行的庸俗唯物主义看成

① 《马克思恩格斯选集》第 3 卷，人民出版社 2012 年版，第 875 页。
② 《马克思恩格斯选集》第 3 卷，人民出版社 2012 年版，第 759 页。
③ 《马克思恩格斯选集》第 3 卷，人民出版社 2012 年版，第 757 页。

唯物主义的唯一形式。所以，他们不愿意与福格特和毕希纳之流的庸俗的巡回传教士为伍。这些人贬低唯物主义的论据，主要包括两点：第一，我们根本不可能用物质的运动来论证思维问题，否则只会陷入自相矛盾之中；第二，唯物主义的实质是求享乐的利己的个人主义，它对生命的伦理意义缺乏应有的关注。这不就是一种“羞羞答答的”的态度吗？

## 三、恩格斯感到有必要系统回顾马克思主义与德国古典哲学的关系

马克思的不幸逝世，给恩格斯留下了一个重大使命。这个使命就是必须为捍卫马克思主义的旗帜而斗争。在 19 世纪 80 年代初，折中主义和新康德主义等各种形形色色错误思潮不断渗透到工人运动中。德国的庸人们一般都抹杀马克思主义对德国古典哲学的革命性意义。这不利于马克思主义掌握工人群众。为了捍卫思想舆论的阵地，恩格斯感到很有必要系统解释马克思主义与德国古典哲学的关系，说清楚它们之间有什么联系，有什么本质区别。

在德国古典哲学中，与马克思主义的创立联系最密切的有两种哲学。这就是黑格尔哲学和费尔巴哈哲学。恩格斯写作《费尔巴哈论》，主要的目的也是要说明两者与马克思主义的关系。在《费尔巴哈论》单行本序言中，他写道：“我感到越来越有必要把我们同黑格尔哲学的关系，我们怎样从这一哲学出发又怎

样同它脱离，作一个简要而又系统的阐述。同样，我也感到我们还要还一笔信誉债，就是要完全承认，在我们的狂飙突进时期，费尔巴哈给我们的影响比黑格尔以后任何其他哲学家都大。”[①] 恩格斯为什么会产生这两个“感到”？这恐怕要从马克思主义哲学如何在与两种哲学的互动中创立谈起。

黑格尔主义构成马克思主义世界观的思想起点。黑格尔把德国古典哲学发展到了顶峰。他是一位百科全书式的思想家。从19世纪初开始，黑格尔哲学在德国社会产生了非常大的影响。在黑格尔逝世以后也是如此。它广泛渗透到各种文化作品之中，渗透到人们的日常生活之中。在30年代，这一哲学分裂为两个派别：一个是老年黑格尔派，坚持黑格尔用绝对精神构建的客观唯心主义体系，维护封建贵族的利益；一个是青年黑格尔派，主张以自我意识等取代绝对精神，在哲学上是主观唯心主义，在政治上为资产阶级发声，抨击封建专制制度。青年黑格尔派的哲学，对马克思世界观的形成，产生了直接冲击。

1837年马克思在养病期间，系统研究了黑格尔的全部著作及其大部分弟子的著作，并积极参加布鲁诺·鲍威尔等青年黑格尔派组建的博士俱乐部活动。马克思写作博士论文的重要目的，是为青年黑格尔派的政治观点提供哲学辩护。但在这一著作中，他并没有完全信奉唯心主义哲学。马克思既把自我意识看成一切存在的基础，又表达出对伊壁鸠鲁朴素唯物主义的欣

① 《马克思恩格斯选集》第4卷，人民出版社2012年版，第218页。

赏之情。在为《莱茵报》撰写政论文章的初期，马克思希望捍卫精神的自由，他把自我意识哲学实际应用到政治生活领域。博士毕业后，1842—1843 年间，马克思在研究林木盗窃法、摩泽尔河沿岸地区农民状况等问题时，“第一次遇到要对所谓物质利益发表意见的难事”[①]。从这时起，他开始怀疑黑格尔及其弟子们的思想。因为唯心主义哲学并不关心各个等级的物质利益的对立，并不关心最底层的、一无所有的基本群众。看到黑格尔的国家观与社会现实的冲突，马克思的思想陷入一种矛盾之中。1843 年初，马克思从社会舞台退回到书斋从事理论研究。他希望尽快找到问题的答案。马克思写作《黑格尔法哲学批判》，对黑格尔的法哲学进行批判性反思。

要理解马克思究竟是怎样同黑格尔主义相脱离的，必须在这里引入对马克思与费尔巴哈的思想关系的讨论。为什么呢？因为“费尔巴哈的所有批判性著作，从本质上来说，都是对黑格尔思辨哲学的批判；作为马克思思想发展重要环节的费尔巴哈因素，本质上是作为对黑格尔思辨哲学的批判性影响呈现出来的；这一点构成了我们理解马克思在克罗茨纳赫时期和《德法年鉴》时期一系列著作之精髓的原则立场”[②]。一句话，主要是因为费尔巴哈对黑格尔哲学的批判，深刻影响了马克思对黑格尔哲学的批判。

费尔巴哈早先是青年黑格尔派的一分子，但后来逐渐与他

① 《马克思恩格斯选集》第 2 卷，人民出版社 2012 年版，第 1 页。

② 卜详记：《青年黑格尔派与马克思》，商务印书馆 2015 年版，第 359—360 页。

们分道扬镳了。唯心主义的思辨哲学认为，精神是第一性的，是主语，而物质是第二性的，是宾语。费尔巴哈却说：“我们只要经常将宾语当作主语，将主体当作客体和原则，就是说，只要将思辨哲学颠倒过来，就能得到毫无掩饰的、纯粹的、显明的真理。”[①] 这对德国的唯心论传统造成了猛烈的冲击，它也深刻影响了马克思主义创始人。费尔巴哈的唯物主义促进了马克思唯物主义立场的确立。

当然，费尔巴哈的影响既有正面的，也有反面的。所谓反面影响，表现为马克思在对他的哲学的反思中获得看待问题的新思路。费尔巴哈过多地强调自然，他不怎么关心政治问题。这招致了马克思的不满。马克思在《黑格尔法哲学批判》中“赋予他的批判以一种费尔巴哈所缺少的社会历史的维度”[②]。马克思认为，黑格尔用国家来论证他的逻辑，其实是把现实关系头足倒置了。事实上，市民社会不是由国家决定的。“市民社会”是借用黑格尔的概念，马克思用他自己的话赋予它内涵，即物质生活关系的总和。对于马克思的重要发现，恩格斯在他 1869 年所写的马克思传记中概括道：“马克思从黑格尔的法哲学出发，得出这样一种见解：要获得理解人类历史发展过程的锁钥，不应当到被黑格尔描绘成‘大厦之顶’的国家中去寻找，而应

① ［德］费尔巴哈：《费尔巴哈哲学著作选集》（上），荣震华、李金山等译，商务印书馆 1984 年版，第 102 页。

② ［英］戴维·麦克莱伦：《马克思传》，王珍译，中国人民大学出版社 2016 年版，第 68 页。

当到黑格尔所那样蔑视的‘市民社会’中去寻找。”[①]一句话来概括，就是马克思创造性地提出了“市民社会决定国家”的命题。这表明马克思开始了脱离黑格尔哲学的进程。

1844年，马克思在费尔巴哈的影响下，继续推进他对黑格尔及其弟子们的唯心主义哲学的批判工作。在《1844年经济学哲学手稿》中，马克思多次引用费尔巴哈的著作来说明问题，他还对费尔巴哈的理论功绩作了概括性的介绍。受到费尔巴哈唯物主义的启发，马克思批评道，德国哲学“对于我们如何对待黑格尔的辩证法这一表面上看来是形式的问题，而实际上是本质的问题，则完全缺乏认识”[②]。马克思继承了黑格尔的辩证法的革命方面。他欣赏关于历史发展是辩证运动的方法论思想。但他又显然不满于黑格尔对历史运动的唯心主义表达。通过研究政治经济学，马克思希望在精神因素之外寻找历史的真正基础。

同年9—11月，马克思与刚结识的恩格斯合著《神圣家族》，对青年黑格尔派进行全面的批判。在这部著作中，他们论战式地说明了历史的诞生地——“地上的粗糙的物质生产”[③]。青年黑格尔派鄙视物质生产，认为历史发源于虚幻的自我意识。马克思恩格斯反对这一观点，但对于自己的唯物主义见解，他们几乎没有进行正面的解释。马克思恩格斯在《神圣家族》中对黑格尔体系的批判，同样受到费尔巴哈的重要影响。他们说：

① 《马克思恩格斯全集》第16卷，人民出版社1964年版，第409页。
② 《马克思恩格斯文集》第1卷，人民出版社2009年版，第197页。
③ 《马克思恩格斯文集》第1卷，人民出版社2009年版，第351页。

“只有费尔巴哈才立足于黑格尔的观点之上而结束和批判了黑格尔的体系，因为费尔巴哈消解了形而上学的绝对精神，使之变为‘以自然为基础的现实的人’；费尔巴哈完成了对宗教的批判，因为他同时也为批判黑格尔的思辨以及全部形而上学拟定了博大恢宏、堪称典范的纲要。”[1]

当然，对于费尔巴哈哲学，马克思主义创始人始终有种种批判性的保留意见。这为他们批判费尔巴哈哲学埋下了伏笔。1845 年春，马克思在布鲁塞尔写成批判费尔巴哈的十一条提纲，也就是《关于费尔巴哈的提纲》。这个提纲只有不到 1200 个字，但是包含丰富的思想。马克思批判了包括费尔巴哈唯物主义在内的旧唯物主义的主要缺点，抨击费尔巴哈的抽象的人的本质观。他还第一次提出实践的社会哲学思想。对于费尔巴哈的哲学，马克思和恩格斯本来是要打算在《德意志意识形态》中展开全面批判的。1845—1846 年，马克思和恩格斯共同创作《德意志意识形态》。这部著作在他们生前未能出版。马克思后来回忆说：“两厚册八开本的原稿早已送到威斯特伐利亚的出版所，后来我们才接到通知说，由于情况改变，不能付印。既然我们已经达到了我们的主要目的——自己弄清问题，我们就情愿让原稿留给老鼠的牙齿去批判了。”[2]《德意志意识形态》的副标题是“对费尔巴哈、布·鲍威尔和施蒂纳所代表的现代德国哲学以及各式各样先知所代表的德国社会主义的批判”。从这个副

① 《马克思恩格斯文集》第 1 卷，人民出版社 2009 年版，第 342 页。
② 《马克思恩格斯选集》第 2 卷，人民出版社 2012 年版，第 4 页。

标题可以看出，马克思恩格斯主要批判的对象，是黑格尔以后的哲学形式，首当其冲的就是费尔巴哈哲学。

《德意志意识形态》是一部未完成的著作，它最重要的内容是“费尔巴哈章”。在这一章中，马克思恩格斯揭示了费尔巴哈的根本缺点：“他从来没有把感性世界理解为构成这一世界的个人的全部活生生的感性活动，……这就是说，正是在共产主义的唯物主义者看到改造工业和社会结构的必要性和条件的地方，他却重新陷入唯心主义。……当费尔巴哈是一个唯物主义者的时候，历史在他的视野之外；当他去探讨历史的时候，他不是一个唯物主义者。在他那里，唯物主义和历史是彼此完全脱离的。”[①]这个分析是非常到位的。只是马克思恩格斯没有对此展开过多的讨论，他们的精力主要还是放在正面阐释自己的世界观上。这留下了遗憾。对此，恩格斯在《费尔巴哈论》单行本序言中就说：“其中关于费尔巴哈的一章没有写完。已写好的部分是阐述唯物主义历史观的；这种阐述只是表明当时我们在经济史方面的知识还多么不够。旧稿中缺少对费尔巴哈学说本身的批判。”[②]

在1846年以后的40年的时间里，马克思和恩格斯虽然写作了《共产党宣言》《资本论》《哥达纲领批判》《反杜林论》等大量的著作，但是直至马克思逝世，他们两人都没有再系统阐释马克思主义与德国古典哲学的关系问题。恩格斯说：“关于我

①《马克思恩格斯选集》第1卷，人民出版社2012年版，第157—158页。
②《马克思恩格斯选集》第4卷，人民出版社2012年版，第218页。

们和黑格尔的关系，我们曾经在一些地方作了说明，但是无论哪个地方都不是全面系统的。至于费尔巴哈，虽然他在好些方面是黑格尔哲学和我们的观点之间的中间环节，我们却从来没有回顾过他。”[①]在 1886 年，恩格斯写作《费尔巴哈论》的重要原因之一，就是要实现一个长期存在的愿望，或者说是要弥补一个想做却没有完成的遗憾。

① 《马克思恩格斯选集》第 4 卷，人民出版社 2012 年版，第 217—218 页。

# 第二章　以评述施达克的《路德维希·费尔巴哈》为契机

恩格斯捍卫马克思主义旗帜的愿望，遇到了一个很好的契机。1885年，丹麦学者施达克出版《路德维希·费尔巴哈》。对《路德维希·费尔巴哈》的评述，是恩格斯写作《费尔巴哈论》的直接动机。在《费尔巴哈论》这部著作中，恩格斯遵循历史和逻辑相统一的方法论，来建构他的理论框架。阐释这两个问题，有助于我们理解这本著作的形成过程。

## 一、评述《路德维希·费尔巴哈》构成恩格斯写作的直接动机

施达克出版的《路德维希·费尔巴哈》，在当时产生了较大的影响。1885年，《新时代》杂志编辑部邀请恩格斯写一篇评论施达克《路德维希·费尔巴哈》的文章时，他欣然接受。这就是恩格斯写作《费尔巴哈论》最直接的动机。《新时代》是德国社会主义工人党（1890年改名为德国社会民主党）的理论刊物。这个刊物在1883年创刊，由卡尔·考茨基担任编辑。《新

时代》是恩格斯捍卫和传播马克思主义正确思想的重要阵地。从 1885 年开始，恩格斯积极为该刊撰稿。《费尔巴哈论》先后连载于《新时代》杂志 1886 年第 4 期和第 5 期。

施达克写作《路德维希·费尔巴哈》的目的，是要为费尔巴哈作辩护。在历史上，以鲍威尔为代表的青年黑格尔派就容不下费尔巴哈。在唯心主义思潮盛行的年代，那些庸人们当然也把费尔巴哈当作一个另类。在这种理论背景下，施达克站出来维护费尔巴哈，勇气是可嘉的。

在《路德维希·费尔巴哈》的导言中，施达克首先作了哲学史的概述，主要说明了自康德以来的哲学发展脉络。他把费尔巴哈放到这一脉络中，考察他对思维与存在的关系问题的回答。从《路德维希·费尔巴哈》的名字就可以看到，这本书研究的核心内容是费尔巴哈的思想。施达克对费尔巴哈的著作展开了全面的研究。在写作风格上，作者很喜欢堆砌一些晦涩难懂的哲学用语。这么做当然可以使他的著作看起来更加具有学究的气质。这或许也是受到喜欢“东拼西凑”的折中主义思潮的影响。

施达克在他的评述中，错误地理解了费尔巴哈哲学的基本性质。当时的思想界的流行看法，是把费尔巴哈哲学看作唯物主义。原因似乎很简单：黑格尔体系是唯心主义的，而费尔巴哈激烈反对它的理论立场，所以费尔巴哈当然是唯物主义者。施达克却不以为然。他另辟新径，硬是要把费尔巴哈归入唯心主义者的阵营。施达克以为这样就达到了维护费尔巴哈的目的。

施达克大概是这样想的：你们不是反对唯物主义形象的费尔巴哈吗？现在我的研究表明他不是唯物主义者，而是和你们一样应归于血统纯正的唯心论阵营，看你们还有什么话好说。其实，我们认为，这只是施达克的一厢情愿。因为他研究费尔巴哈哲学的出发点出现了偏差。

那么，施达克为什么会把费尔巴哈哲学看作唯心主义？原因在于他错误地理解了唯物主义和唯心主义的划分标准。他的第一个论据是费尔巴哈相信人类的进步。在施达克看来，如果一个人否定人类社会是沿着进步方向运动的，那么他就是唯物主义者；如果他坚守关于人类总是不断前进的信念，那么他就是唯心主义者。另一个论据是费尔巴哈鼓励人们追求幸福，坚信爱和真理的力量。施达克无非是把区分唯物主义与唯心主义的标准界定为：是否具备对理想和道德的追求。言下之意就是，唯物主义者只知道追求物质上的放纵，追求庸俗的享乐主义，他们对生命的伦理意义不管不顾，而这与唯心主义者恰恰相反。这与新康德主义者们故意贬低唯物主义的伎俩何其相似！

如何对费尔巴哈哲学进行定性？费尔巴哈究竟是唯物主义者，还是唯心主义者？施达克的《路德维希·费尔巴哈》容易让公众产生思想混乱。它当然也会对马克思主义在工人运动中的传播构成威胁。费尔巴哈哲学构成马克思主义哲学的重要来源。我们误解费尔巴哈，就可能会误解马克思主义哲学。在某种意义上，不理解费尔巴哈的理论立场，不理解费尔巴哈对黑格尔体系的超越，就容易否定马克思主义哲学的革命性意义。

施达克把费尔巴哈划入唯心主义的阵营，表面上看是在为费尔巴哈辩护，实质是在维护唯心主义哲学的正统性。施达克企图给费尔巴哈戴上唯心主义的“王冠”，是对费尔巴哈思想贡献的泯灭，是对这位哲学家最大的不敬。

其实，马克思恩格斯早在 1844 年合著的《神圣家族》中，就谈到费尔巴哈对炸开唯心主义体系的重大贡献。他们用自问自答的语气说道：“到底是谁揭露了‘体系’的秘密呢？是费尔巴哈。是谁摧毁了概念的辩证法即仅仅为哲学家们所熟悉的诸神的战争呢？是费尔巴哈。是谁不是用‘人的意义’（好像人除了是人之外还有什么其他的意义似的！）而是用‘人’本身来代替包括‘无限的自我意识’在内的破烂货呢？是费尔巴哈，而且仅仅是费尔巴哈。他所做的事情比这还要多。”[①] 若不是如此，恩格斯也不会迫切希望还费尔巴哈一笔“信誉债”。从恩格斯的《费尔巴哈论》中，我们将可以获得更多的答案。不过，在对恩格斯的《费尔巴哈论》展开详细的文本分析之前，还有必要简要回顾费尔巴哈。这是研究《费尔巴哈论》的前提条件之一。

费尔巴哈 1804 年 7 月生于拜恩州（巴伐利亚）的一个贵族家庭，他的父亲是 19 世纪前后德国著名的刑法学家。1823 年，费尔巴哈进入海德堡大学神学系学习。由于受到思辨神学课教授卡尔 · 道布的影响，他在次年就转学到黑格尔哲学的大本营——柏林大学。从 1925 年起，费尔巴哈系统听了两年黑格尔讲授的

① 《马克思恩格斯文集》第 1 卷，人民出版社 2009 年版，第 295 页。

课程。在柏林期间，费尔巴哈高度迷恋黑格尔主义。但是，费尔巴哈当时也没有完全相信黑格尔的一些思想。黑格尔关于逻辑与自然的关系的思想，引起了他的怀疑。

费尔巴哈后来回忆说：“老实说，在柏林时我已经同思辨哲学告别了。我同黑格尔告别时大概是这样说的：我听了您两年的课，两年我把自己完全投身于研究您的哲学；现在呢，我体会到需要转向直接同思辨哲学对立的其他科学：转向自然科学。”[①]事实上，他与黑格尔哲学的实际决裂发生的时间还要晚一些。直至1828年，费尔巴哈在他“献给黑格尔”的博士论文《论唯一的、普遍的和无限的理性》中，仍然表现出很明显的黑格尔哲学色彩。

1830年匿名发表《论死与不死》，是费尔巴哈人生中的重要转折点。他在这部小册子中反对基督教教义，并因此丢了在爱尔兰根大学的教职。离开大学讲坛后，费尔巴哈仍然坚持著书立说。这为他赢得了学术声誉。在1837年，他退隐到乡村从事学术研究。从此，他与自己的爱人贝尔塔·列夫在自然界的庙堂中过上了长达25年的孤寂生活。即便是在书斋中，费尔巴哈也加强与青年黑格尔派的思想联系，积极为他们所创办的刊物撰稿。

不过，他很快就走向黑格尔的弟子们的对立面了。在费尔巴哈那里，对唯心主义哲学的批判与对宗教的批判是同时进行

① [德]费尔巴哈：《费尔巴哈哲学著作选集》(上)，荣震华、李金山等译，商务印书馆1984年版，第5页。

的。因为他把黑格尔哲学看成神学的最后的避难所。费尔巴哈1839年发表的《黑格尔哲学的批判》，表明他开始正式宣告与流行的唯心主义哲学划清界限了。在《基督教的本质》(1841)、《关于哲学改造的临时提纲》(1842)、《未来哲学原理》(1843)等一系列论著中，费尔巴哈猛烈批判神学以及它的哲学论证——黑格尔主义。

费尔巴哈的主要理论贡献，在于使沉寂的唯物主义重新登上历史舞台。他从世俗基础和人的本质来解释神学问题，在哲学上完成了德国的宗教批判工作。他把思维和存在的关系颠倒了过来，重新确认了自然界的物质第一性。这在西方哲学史上有显著的思想史意义。古希腊哲学家热衷于探讨世界的本原或基质，形成了朴素的唯物主义观点。17世纪英国的经验论哲学，对感性经验作唯物主义的说明。唯物主义在18世纪法国启蒙思想家那里取得了新的发展。但是到19世纪，随着黑格尔体系思想统治地位的确立，唯物主义在长时间内陷入沉寂。费尔巴哈打破了这份宁静。马克思恩格斯曾经做过一个比喻：费尔巴哈哲学就像一口隐藏的火锅，用蒸汽激起了被胜利冲昏头脑的唯心主义者们的怒火。[①]

当然，费尔巴哈的唯物主义也有固有缺陷，即它的落脚点是人的自然属性。费尔巴哈研究的最终结论是："现实的总和就是自然(普遍意义的自然)"和"只有回到自然，才是幸福的源

① 《马克思恩格斯文集》第1卷，人民出版社2009年版，第294页。

泉”。[①] 这为马克思主义创始人批判性地创立他们的新唯物主义，留下了充足的发展空间。

## 二、以历史和逻辑相统一的方法论搭建理论框架

1888 年，恩格斯对发表于《新时代》杂志的《费尔巴哈论》作了进一步的修改，并且撰写了序言，以单行本的形式在德国斯图加特出版。当年出版的《费尔巴哈论》的单行本，包括 1888 年序言、正文四部分和一个简短结语以及一个附录（这个附录，就是马克思 1845 年写的、但没有发表过的《关于费尔巴哈的提纲》，恩格斯对它作了个别文字修改后，第一次以《马克思论费尔巴哈》为名发表）。

《费尔巴哈论》1888 年单行本序言，概述了这篇著作的写作背景和起因，并且说明了在附录中发表《马克思论费尔巴哈》的缘由和意义。

在《序言》中，恩格斯首先回顾了他同马克思早在 40 多年前共同做的事，即“把我们从前的哲学信仰清算一下”，“共同阐明我们的见解”——“主要由马克思制定的唯物主义历史观”。[②] 这一工作的成果，就是两位巨匠合著的《德意志意识形态》。如前所述，由于出版商因故变卦，书稿没能付印出版。40 多年过

① [德] 费尔巴哈：《费尔巴哈哲学著作选集》（上），荣震华、李金山等译，商务印书馆 1984 年版，第 84 页。

② 《马克思恩格斯选集》第 4 卷，人民出版社 2012 年版，第 217 页。

去了，马克思也已经去世，他们俩没有机会再全面系统地回到他们的思想同黑格尔和费尔巴哈哲学的关系这个论题上来。而在这一期间，一方面，“马克思的世界观远在德国和欧洲境界以外，在世界的一切文明语言中都找到了拥护者。另一方面，德国的古典哲学在国外，特别是在英国和斯堪的纳维亚各国，有某种复活。甚至在德国，各大学里借哲学名义来施舍的折中主义残羹剩汁，看来已叫人吃厌了”。于是，恩格斯感到不得不在这个时候对马克思主义哲学与德国古典哲学的关系作一番回顾。

为了把马克思的世界观的创立，是怎样走出黑格尔到费尔巴哈、又怎样走出费尔巴哈的心路历程讲清楚，恩格斯找到了马克思为他们在40年前合著《德意志意识形态》时写的十一条关于费尔巴哈的提纲，把它作为附录刊印出来，并把马克思写的这一提纲称为“包含着新世界观的天才萌芽的第一个文献”[①]。

要读懂弄通《费尔巴哈论》的基本观点，先得厘清这篇著作的结构，也就是它的理论框架；而要厘清它的理论框架，则必须先把握恩格斯在这篇著作中所体现的马克思主义方法论。

在马克思的世界观中，包含了一个重要的方法论原则，那就是“历史和逻辑的统一”。所谓“历史和逻辑的统一”，有两层含义：其一，所研究对象的历史的演进过程，不是杂乱无章的，而是蕴含了内在的逻辑，反之，逻辑的展开过程，也体现了历史的演进；其二，把历史的起点，当作研究对象的逻辑起

① 《马克思恩格斯选集》第4卷，人民出版社2012年版，第219页。

点，同样，理论的逻辑起点，应体现研究对象的历史的起点。

当然，历史和逻辑相统一的方法，并不是马克思首创的，黑格尔在构建它的宇宙体系时，用的就是这一方法。但是，黑格尔从它的客观唯心主义立场出发，从理论的逻辑特别是概念发展的逻辑，演绎出宇宙发展的历史乃至人类社会发展的历史。在黑格尔的理论框架中，他的逻辑起点直接规定了历史起点，他的逻辑演化决定了历史的发展。而马克思把这种客观唯心主义颠倒了过来，他从历史的客观进程中提炼逻辑起点，并在逻辑的演绎中关照历史的客观进程。通过用逻辑来对纷繁复杂的历史现象作去粗取精、去伪存真的筛选，马克思揭示出历史发展的本质和规律性现象。

《费尔巴哈论》正文的四个部分，正是运用历史和逻辑相统一的方法论，在全面评述黑格尔哲学、费尔巴哈唯物主义自然观、费尔巴哈的唯心史观的基础上，全面阐述了马克思主义哲学观特别是唯物史观。这里的历史，是指马克思的思想形成史，这里的逻辑，是指马克思世界观的展开；马克思思想的历史起点，是黑格尔哲学，马克思世界观的逻辑起点，是对黑格尔哲学的批判。这两者的统一性在《费尔巴哈论》中有生动的体现。从这篇著作的框架来看，它的第一部分是逻辑起点，第二、三部分是逻辑中介，第四部分是逻辑结论。它再现了 1848 年前后德国哲学发展的本质过程，论证了欧洲的哲学思维乃至人类思维达到“实践的唯物主义”高度的历史必然性。也就是说，当时德国哲学要发展，必须解决黑格尔哲学和费尔巴哈哲学的内在矛盾，而这些内在矛盾在马克思世界观形成的过程中得到了解决，从而使德国哲学乃至人类思维达到了新的高度，形成了新的理论形态。而恩格斯的《费尔巴哈论》则在逻辑上再现了这一过程。

第一部分：全面地评述了黑格尔的客观唯心主义哲学。恩格斯首先阐述了以黑格尔哲学为代表的德国古典哲学产生的历史背景和社会作用，同时指出了德国古典哲学在资产阶级革命中表现出来的软弱性。接着以黑格尔的“凡是现实的都是合乎理性的”这一著名命题为例，剖析了黑格尔哲学的辩证法的“合理内核”和革命性质，以及它的体系的唯心主义和保守性质之间存在的内在矛盾，从而揭示了黑格尔哲学学派解体、费尔巴哈唯物主义出现的必然性，其中蕴含了马克思走出黑格尔哲学的必然性。

第二部分：评述了费尔巴哈的旧唯物主义哲学。为了澄清施达克对费尔巴哈哲学倾向的误解，恩格斯首先提出了哲学基本问题，也就是思维与存在的关系问题，并且表明对两者谁是第一性的回答，是区分唯物主义与唯心主义的标准。以这一标准来衡量费尔巴哈哲学，无疑是唯物主义的，这是费尔巴哈哲学的“基本内核”。但是，费尔巴哈由于不同意 18 世纪旧唯物主义的机械性而拒绝承认自己是唯物主义，而恩格斯则指出，费尔巴哈其实并没有克服 18 世纪唯物主义的机械性的缺陷。这就为马克思从黑格尔唯心主义转向费尔巴哈唯物主义后、又走出费尔巴哈唯物主义的必然性，提供了证明。

第三部分：评述了费尔巴哈哲学在历史观上的唯心主义。恩格斯批判了费尔巴哈唯物主义的不彻底性，即不承认历史领域的唯物主义，从而没有超出18世纪旧唯物主义的局限。费尔巴哈历史观的唯心主义，集中体现在他的宗教哲学和伦理观中。恩格斯批判了费尔巴哈试图建立无神宗教的荒谬性，以及夸大宗教社会历史作用、把宗教作为历史发展的决定力量的唯心主义观点。恩格斯还批判了费尔巴哈从抽象的人出发的伦理学，认为这与黑格尔的客观唯心主义的伦理观相比，要贫乏得多。恩格斯通过对费尔巴哈宗教哲学和伦理观的批判，揭示了历史观中两个重要领域（即宗教和道德）的历史性与阶级性，从而为马克思把唯物主义贯彻到历史领域，从而创立历史唯物主义（或称唯物主义历史观，简称唯物史观）历史观的必然性，提供了证明。

第四部分：系统概述了马克思主义哲学的创立过程及其基本原理。恩格斯首先阐述了马克思之所以能超越费尔巴哈，是因为他把唯物主义贯彻到了历史领域；而马克思之所以能把唯物主义贯彻到历史领域，是因为他同费尔巴哈完全否定黑格尔哲学不同，他在抛弃黑格尔唯心主义体系的同时，恢复了黑格尔的辩证法，把辩证法奠定在唯物主义基础上，并且用于分析历史现象，从而创立了唯物史观。恩格斯对唯物史观作了系统论证，特别是揭示了社会历史发展的客观规律性与人的活动的主体性的关系，提出了历史的“合力论”，还阐述了人民群众、阶级斗争、生产方式的矛盾、经济基础和上层建筑的矛盾在社会历史发展中的不同地位和作用。

结语：简要阐明了马克思主义哲学在研究对象和社会功能两方面实现的革命性变革，从而体现出在实践基础上的科学性和革命性相统一的特征。

总之，《费尔巴哈论》的内容十分丰富，它全面地论述了马克思主义哲学同黑格尔哲学和费尔巴哈哲学之间的批判继承关系，系统地阐述了唯物辩证法，特别是系统地阐述了历史唯物主义的基本原理，具体说明了马克思主义哲学产生的理论来源和自然科学基础，深刻地分析了马克思主义哲学在哲学领域中实现的革命变革，堪称是马克思主义发展史上的光辉篇章。

# 第三章 黑格尔哲学的合理内核、内在矛盾及黑格尔哲学学派的解体

本章讲述《费尔巴哈论》的第一部分内容。马克思是经过费尔巴哈唯物主义而创立新的世界观的，而费尔巴哈唯物主义哲学又是在黑格尔哲学学派解体过程中产生出来的，而且马克思自己的思想起点也是黑格尔哲学。因此，阐述马克思世界观的创立，先得要评价费尔巴哈哲学，而要评价费尔巴哈哲学，先得要评述黑格尔哲学。

《费尔巴哈论》的第一部分，共19个自然段①，恩格斯全面分析了黑格尔的哲学，主要论述了三个问题：一是黑格尔哲学产生的时代背景和阶级实质；二是黑格尔哲学的“合理内核”和内在矛盾；三是黑格尔学派的解体和费尔巴哈唯物主义的出现。

## 一、一个引起近世政府感激和近世自由派愤怒的命题（第一部分第1—6自然段）

马克思在大学原来是学习法律的，在学习过程中，他深深

① 本书所标示的自然段顺序，是人民出版社2012年版《马克思恩格斯选集》第4卷中恩格斯的原文，不包括正文中恩格斯引用的话语。

感到掌握法理精神比背熟法律条文更重要。于是，他来到柏林大学学习黑格尔的法哲学思想。而这就使他全面地接触了黑格尔的客观唯心主义。这一客观唯心主义告诉马克思：宇宙乃至人类历史的演化和发展，都存在着一定的规律，在它背后起作用的，是符合人类理性的绝对精神。

大学毕业后，马克思来到《莱茵报》做撰稿人。在《莱茵报》工作期间，他经常去旁听莱茵省议会的辩论，了解政治制度和社情民意。这一期间，马克思接触到三件事，这对他刺激很大，使他开始怀疑黑格尔的“教导”。第一件是关于书报检查制度。普鲁士政府为了钳制人们的思想，让议会通过了所谓的“书报检查令”。第二件是关于林木盗窃案。在德国西部大片森林和草地生活的农民，原来可以砍柴、放牧，可后来一些贵族把山林霸占了，不许农民在冬天来临前上山捡枯枝败叶以备冬天烧火取暖。而议会对林木盗窃案审议的结果，是支持贵族的“禁令”，判定农民行为为盗窃，理由是：山林是主人的，因而山上的一切都是主人的。第三件是关于摩泽尔地区贫困问题。在德国著名葡萄酒产区摩泽尔地区，由于地主残酷剥削，农民和酿酒工人生活越来越艰难，在议会辩论时，议员们赞同贵族的说法，认为贫困是由天气灾害和农民懒惰造成的。

马克思为此在《莱茵报》上连续发表了评论文章，把矛头指向普鲁士的国家和法律制度，认为封建专制社会的立法就是把贵族的特权变成法。这表明，马克思已经觉察到：物质利益的差别使社会划分为不同的等级，而对利益的考虑则支配着立法机关代表的决策行为，正是维护私有财产的逻辑，使国家制度沦为林木所有者的奴仆和工具，“利益占了法的上风”。

社会实践教育了马克思，使马克思产生了对黑格尔哲学的怀疑：按照黑格尔哲学，国家和法应该是绝对精神或理性的产物；但现实通过的上述三个法，完全被财产和利益关系所绑架。于是，马克思带着在现实中碰到的“苦恼问题”，也就是黑格尔国家观和法哲学同现实的冲突，“从社会的舞台退回书房”，开始了他对黑格尔思想的系统反思和批判。经过1843年整个暑天的思考，马克思写了《黑格尔法哲学批判》，把黑格尔的思维和存在的关系颠倒了过来。对此，我们在第一章已经做过探讨。这里有必要再作一些说明。对于马克思的重要发现，不仅恩格斯做过概括，马克思自己也有过类似的阐述。马克思后来说：“我的研究得出这样一个结果：法的关系正像国家的形式一样，既不能从它们本身来理解，也不能从所谓人类精神的一般发展来理解，相反，它们根源于物质的生活关系，这种物质的生活关系的总和，黑格尔按照18世纪的英国人和法国人的先例，概括为‘市民社会’，而对市民社会的解剖应该到政治经济学中去寻求。”[①] 也就是说，马克思这时已经形成这样的看法：国家并不是如黑格尔所说的是绝对精神的体现，是理性的最高目的，从而决定了家庭和市民社会，相反，国家和法是由人们的利益关系所决定的，因而是“市民社会决定国家”，是“私有财产决定

① 《马克思恩格斯选集》第2卷，人民出版社2012年版，第2页。

国家”。这样，马克思开始触摸到了隐藏在各种政治关系后面的经济本质。

那么，黑格尔哲学同被马克思所批判的普鲁士政府究竟是什么关系呢？马克思为什么没有像费尔巴哈那样全盘抛弃黑格尔哲学呢？这得从黑格尔哲学产生的时代背景以及由此所决定的阶级实质谈起。

### 1. 黑格尔哲学产生时代背景和阶级实质

这就是恩格斯在正文开门见山所要表达的意思：看到施达克所写的《路德维希·费尔巴哈》一书，“使我们返回到一个时期，这个时期就时间来说离我们不过一代之久，但是它对德国现在的一代人却如此陌生，似乎已经相隔整整一个世纪了。然而这终究是德国准备 1848 年革命的时期，那以后我国所发生的一切，仅仅是 1848 年的继续，仅仅是革命遗嘱的执行罢了”[①]。

当英国走上“光荣革命”之路，当法国爆发“大革命”时，德国依然处在封建专制主义的统治之下，而且大大小小的 38 个封建王国使德国没有实现完全统一，这阻碍了社会化大生产的发展。在英国工业革命和英法资产阶级革命的促进下，为了推动德国社会化大生产和资本主义生产关系的发展，德国的资产阶级理所当然地提出了改变封建制度、建立统一的民族国家的革命要求。1848 年革命就是在这一历史必然性中爆发的。从那以后，1866 年的普奥战争和 1870—1871 年的普法战争，使统

① 《马克思恩格斯选集》第 4 卷，人民出版社 2012 年版，第 220 页。

一的德国资产阶级民族国家得以建立，它们其实都是“革命遗嘱的执行”。而哲学作为一定社会历史时期的产物和“时代精神的精华”，一定会直接或间接地反映时代的要求。正如恩格斯所说：“正像在 18 世纪的法国一样，在 19 世纪的德国，哲学革命也作了政治变革的前导。”①

德国的哲学革命从康德开始到黑格尔，使辩证法得到很大的发展，它反映的就是资本主义上升时期德国资产阶级的革命要求，这客观上为即将到来的 1848 年的德国资产阶级革命作了思想准备和舆论导向。

恩格斯关于“哲学革命也作了政治变革的前导”的重要论断，不仅指明了近代法国哲学和德国哲学的阶级实质和社会作用，实质上也揭示了哲学发展的一个规律，这就是社会的经济政治的变化制约着哲学的发展，而哲学革命又转过来为社会的政治变革（包括社会变革）打了“前站”。这个规律具有一定的普遍性，近代西方的英、法、德、俄等国的哲学革命都体现了这个规律，中国近现代的社会变革也是如此。1937 年毛泽东在延安写了《实践论》和《矛盾论》，为马克思主义中国化提供了马克思主义世界观方法论的理论根据，由此，中国共产党自觉地总结了党诞生以来革命成功和失败正反两方面的经验和教训，形成了新民主主义革命的总路线、确立了毛泽东思想为党的指导思想，从此，中国革命从不断胜利走向辉煌。1976 年粉

① 《马克思恩格斯选集》第 4 卷，人民出版社 2012 年版，第 220 页。

碎“四人帮”后，由于思想路线坚持了“两个凡是”[①]，“文化大革命”的“以阶级斗争为纲”的政治路线以及打倒“走资本主义道路的当权派”和“资产阶级知识分子”的组织路线都不能得到拨乱反正。于是，邓小平在全党推动思想路线的拨乱反正，他从支持“何为检验真理的标准”大讨论切入，否定了“两个凡是”，为 1978 年党的十一届三中全会的胜利召开奠定了思想基础，中国从此走上改革开放和现代化建设的新道路。

然而，恩格斯接着又指出了德国的哲学革命和法国的哲学革命的“不同”：“法国人同整个官方科学，同教会，常常也同国家进行公开的斗争，……相反，德国人是一些教授，一些由国家任命的青年的导师，他们的著作是公认的教科书，而全部发展的最终体系，即黑格尔的体系，甚至在某种程度上已经被推崇为普鲁士王国的国家哲学！”[②]恩格斯为此提出设问：黑格尔体系中的“迂腐晦涩的言词”和“笨拙枯燥的语句”里面竟能隐藏着革命吗？这一“设问”，恰恰反映了当时被认为是革命代表人物的自由派的疑问。

其实，德国的哲学革命和法国的哲学革命的“不同”，也是由当时两国的资本主义发展状况的不同所决定的。18 世纪后半期，法国的资本主义有了较大发展，资产阶级掌握了强大的经济理论和部分政治力量，他们同封建阶级存在尖锐的矛盾和冲

① 即所谓“凡是毛主席作出的决策，我们都坚决维护；凡是毛主席的指示，我们都始终不渝地遵循”。

②《马克思恩格斯选集》第 4 卷，人民出版社 2012 年版，第 220 页。

突，因此具有坚决的革命性，他们用唯物主义的“启蒙思想”对宗教神学、封建特权和专制制度进行了公开的斗争。而19世纪初的德国，资本主义刚刚起步发展，资产阶级的经济力量和政治地位都比较薄弱，还不足以同封建贵族抗衡。他们既要像法国和英国那样为资本主义经济政治的全面发展扫清道路，又无力公然直接挑战现存制度，这在哲学作为“时代精神的精华”上的表现，就是用“隐晦曲折”的话语来表达资产阶级革命的诉求。德国资产阶级既要革命又比较保守的两重性，反映在哲学革命上，就是黑格尔哲学的辩证法的革命性和体系的保守型的矛盾。

### 2. 对黑格尔“凡是现实的都是合乎理性的”命题的剖析

恩格斯接着就以一个引起近世政府感激和近世自由派愤怒的命题切入，来证明黑格尔哲学的这种两重性，这个命题就是著名的“凡是现实的都是合乎理性的，凡是合乎理性的都是现实的”。黑格尔这一命题，是1821年在《法哲学》序言里首次提出的，后来在《小逻辑》导言中又作了发挥。

恩格斯认为，这个命题引起了政治倾向对立的政府和自由派双方的“价值判断”的对立：政府是感激，而自由派是愤怒。然而，双方价值判断的对立，却是基于相同的“事实判断”，即对这一命题的误解：他们都以为，“凡是现实的都是合乎理性的”，这不就“是把现存的一切神圣化，是在哲学上替专制制度、警察国家、专断司法、书报检查制度祝福”吗？而恩格斯指出，当时德国的著名诗人亨利希·海涅却看到了黑格尔这一命题背后隐含的本意，也就黑格尔空洞烦琐的论证中将引出政治革命。因为海涅同黑格尔有过接触，对黑格尔哲学的真实意义比较了解。

为什么“凡是现实的都是合乎理性的”命题非但不是在为普鲁士专制政府辩护，反而蕴含了“政治革命”的意蕴呢？因为恩格斯认为，“在黑格尔看来，决不是一切现存的都无条件地也是现实的。在他看来，现实性这种属性仅仅属于那同时是必然的东西；‘现实性在其展开过程中表明为必然性’”。[①] 这就意味着，在黑格尔哲学中，“现实”与“现存”有着严格的区别，“现实性决不是某种社会状态或政治状态在一切环境和一切时代所具有的属性”。[②] 因为现实是从黑格尔主张的“绝对理性”发展出来的，绝对理性是由概念组成的，而任何概念都是存在内在“矛盾”的；矛盾是概念发展的动力，它提供了发展的“根据”，而概念要实现自己，就要“外化”出对象，这样，就赋予事物的发展以“必然性”，而具有概念发展必然性根据的事物，就成为“现实”。因此，“凡是现实的都是合乎理性的”。(以往的中文版本把它翻译为“合理”的，似乎包含了“好”的“价值判断”，这不太准确；现在翻译为“合乎理性”，更符合黑格尔的愿意，对客观唯心主义来说，它是一个冷静的“事实判断”)。而由于由概念所组成的理性因其内在的矛盾，又要朝前发展，如果现实原地不动，就失去了理性的根据，这样的现实就变成了“现存”。于是，恩格斯根据黑格尔的这一唯心主义辩证法的思维方

①《马克思恩格斯选集》第 4 卷，人民出版社 2012 年版，第 221 页。
②《马克思恩格斯选集》第 4 卷，人民出版社 2012 年版，第 222 页。

法的规则，得出的结论是：“凡是现存的，都一定要灭亡。”[①]

根据对黑格尔哲学真实意蕴的解读，恩格斯通过历史的考证，进一步阐释了现实同现存的区别，以及黑格尔这一命题蕴含的革命性质。恩格斯举例说，罗马共和国曾经是现实的，但是把它排斥掉的罗马帝国也是现实的；法国君主制曾经是现实的，但到了 1789 年法国大革命时已经丧失了任何必然性，变得不现实了，而对君主制的革命却成为现实。同样，普鲁士政府在它具有必然性的时候，是合乎理性的，但如果它的恶劣的政治继续存在下去，那么人民的反抗就是必然的，而专制政府则将失去理性的必然性而变为“现存”。

于是，恩格斯给黑格尔哲学得出如下结论：“在发展进程中，以前一切现实的东西都会成为不现实的，都会丧失自己的必然性、自己存在的权利、自己的合理性；一种新的、富有生命力的现实的东西就会代替正在衰亡的现实的东西……。这样一来，黑格尔的这个命题，由于黑格尔的辩证法本身，就转化为自己的反面：……凡是现存的，都一定要灭亡。”[②]

## 二、黑格尔哲学革命的方法被过分茂密的保守体系所窒息（第一部分第 7—12 自然段）

通过对黑格尔“凡是现实的都是合乎理性的”命题的剖析，

① 《马克思恩格斯选集》第 4 卷，人民出版社 2012 年版，第 222 页。
② 《马克思恩格斯选集》第 4 卷，人民出版社 2012 年版，第 222 页。

恩格斯揭示了黑格尔哲学的“真实意义和革命性质”，同时又揭示了黑格尔哲学方法的革命性和体系的保守性之间的矛盾，并且肯定了黑格尔哲学的功绩，同时分析了黑格尔哲学学派的解体。

### 1. 黑格尔哲学的“真实意义和革命性质”

恩格斯指出，黑格尔哲学的“真实意义和革命性质”，就是：“它彻底否定了关于人的思维和行动的一切结果具有最终性质的看法。”[①]这也是被人们所称颂的黑格尔哲学辩证法的“合理内核”。

恩格斯从两个方面阐述了黑格尔哲学的这种“真实意义和革命性质”：其一是，从认识论的角度看，黑格尔认为，真理是在认识过程本身中，在科学的长期的历史发展中，而科学从认识的较低阶段向越来越高的阶段上升，但是永远不能达到终极真理的那一天。其二是，人类历史的发展，也永远不会在人类完美的理想状态中终结，一切历史状态都只是人类社会由低级到高级的无穷发展进程中的暂时阶段，因为每一个历史阶段，对它发生的那个时代和那些条件说来，都有存在的理由，但是对它自己内部逐渐发展起来的新的、更高的条件来说，它就变成过时的和没有存在的理由了，它不得不让位于更高的阶段。

由此，恩格斯总结道：黑格尔的“辩证哲学推翻了一切关于最终的绝对真理和与之相应的绝对的人类状态的观念。”[②]当

① 《马克思恩格斯选集》第 4 卷，人民出版社 2012 年版，第 222 页。

② 《马克思恩格斯选集》第 4 卷，人民出版社 2012 年版，第 223 页。

然，恩格斯也揭示了黑格尔哲学在方法上的保守性和革命性的辩证统一，那就是：它承认对一定阶段认识的真理性和社会的发展状况来说，在那个时代和那种环境下都有存在的理由，但这是相对的，而这种认识和历史被后一阶段超越，则是绝对的。也就是说，在黑格尔那里，认识和历史的发展的稳定和静止是相对的，但运动和发展是绝对的。

### 2. 黑格尔哲学革命的方法和保守的体系之间的矛盾

恩格斯不仅揭示了黑格尔哲学方法中的相对和绝对的辩证关系，更重要的是，他还揭示了整个黑格尔哲学的内在矛盾，那就是它的方法的革命性同它的体系的保守性之间的矛盾。

恩格斯指出，黑格尔哲学虽然包含着认识和历史的发展都没有终点这一丰富的辩证法思想，但是对于这一哲学思想的真实意义和革命性质，黑格尔本人不仅从来没有明确阐述过，反而得出了极其温和的政治结论，这是由于黑格尔哲学的所要建构的客观唯心主义体系所决定的。正如恩格斯所指出的那样："因为他不得不去建立一个体系，而按照传统的要求，哲学体系是一定要以某种绝对真理来完成的。"①

黑格尔哲学的体系是客观唯心主义，它认为：在自然界和人类社会出现之前，已经存在着一种既不依赖于人、又不依赖于自然界的所谓"绝对观念"（有时又称"绝对精神"）；当"绝对观念"由于其概念的内在矛盾而发展到了某一顶点时，就突

① 《马克思恩格斯选集》第4卷，人民出版社2012年版，第224页。

破纯粹思维的范围而转化为自然界；当自然界由于“绝对观念”的作用而发展到人类的出现的时候，“绝对观念”继续支配着人的认识和历史发展，最后通过人类精神的发展而体现“绝对观念”，从而“回归”到“绝对观念”。这样，他所谓的“绝对观念”的发展过程，并不是一个无限前进的过程，而是一个首尾相接的封闭的圆圈。

由于要构建这样的一个完美的“圆圈”，黑格尔不得不宣布：在哲学上，对“绝对观念”的认识，已经在他的哲学中达到了；为此，在历史的实践上，“绝对观念”本应在普鲁士王国的等级君主制中实现，但由于威廉三世没有兑现他的承诺，而应当由在满足包括资产阶级在内的有产阶级的间接统治中加以实现。于是，“这样一来，黑格尔体系的全部教条内容就被宣布为绝对真理，这同他那消除一切教条东西的辩证方法是矛盾的；这样一来，革命的方面就被过分茂密的保守的方面所窒息”。[①]

恩格斯还分析了黑格尔哲学体系和方法之间存在内在矛盾的历史和阶级根源，那就是黑格尔没有完全摆脱德国庸人的习气，也就是他作为德国资产阶级的思想代表，在他的哲学中反映了当时资产阶级的软弱性和妥协性。

### 3. 黑格尔哲学的成就和意义

尽管黑格尔哲学体系是保守的，它同辩证的方法之间存在着内在矛盾，但是，恩格斯依然从人类思想发展史的角度，充

① 《马克思恩格斯选集》第 4 卷，人民出版社 2012 年版，第 224 页。

分肯定了黑格尔哲学的两大成就："一方面，因为他在自己的体系中以最宏伟的方式概括了哲学的全部发展，另一方面，因为他（虽然是不自觉地）给我们指出了一条走出这些体系的迷宫而达到真正地切实地认识世界的道路"。[①]

就第一方面成就来说，这是黑格尔主观上自觉地努力的成果。在黑格尔（1770—1831年）60余年的不长生涯中，他构建的哲学体系包括精神现象学、逻辑学、自然哲学、精神哲学，而精神哲学包括历史哲学、法哲学、宗教哲学、哲学史、美学等，它涉及的领域是以前任何思想体系所不可比拟的，而且在每个领域黑格尔都力图寻求出贯穿其中的发展逻辑线索。1807年，黑格尔就完成了被恩格斯称为标志"黑格尔哲学的真正诞生地和秘密"的奠基性著作《精神现象学》，接着，他分三册出版了《逻辑学》（被称为"大逻辑"），1817年，他出版了《哲学全书纲要》，分为三大部分：《逻辑学》（被称为"小逻辑"）、《自然哲学》和《精神哲学》，从而完成了黑格尔哲学体系的构建。1821年，他出版了《法哲学原理》。1831年黑格尔去世后，黑格尔学派的弟子们根据他遗留的写作提纲、演讲记录和学生的听课笔记，整理出版了《历史哲学讲演录》《美学或艺术哲学讲演录》《哲学史讲演录》和《宗教哲学讲演录》等著作，它们和《法哲学原理》都属于黑格尔构建的"精神哲学"体系。

为此，恩格斯称誉黑格尔为"富于创造性的天才"和"百

① 《马克思恩格斯选集》第4卷，人民出版社2012年版，第226页。

科全书式的学识渊博的人物”。当然，恩格斯也指出，由于“体系”的需要，黑格尔常常求救于“正→反→合”的强制性的结构，也就是我们经常说的，把“否定之否定”机械地“当作一个筐，什么都往里装”，但是如果我们把这些结构仅仅看作是黑格尔哲学建筑物的骨架和脚手架，不是停留在骨架或脚手架面前，而是深入到他的哲学大厦里面去，就会发现他的无数的思想珍宝。

就第二方面的成就来说，这是黑格尔客观上不自觉地给我们的启示。为什么恩格斯说黑格尔不自觉地给我们指出了一条走出这些体系的迷宫而达到真正地切实地认识世界的道路呢？这是因为黑格尔哲学的辩证法帮助我们认识到，给哲学提出构筑一个终极的“绝对真理”体系的任务，无非是要求一个哲学家去完成那只有全人类在其前进的发展中才能完成的任务，而这是不可能完成的任务。于是对后人来说，黑格尔哲学给人们的启示就是：“把沿着这个途径达不到而且任何单个人都无法达到的‘绝对真理’撇在一边，而沿着实证科学和利用辩证思维对这些科学成果进行概括的途径去追求可以达到的相对真理。”①

正因为黑格尔哲学有这两大贡献，因此它在德国哲学中发生了巨大的影响，甚至在某些阶段的思想界取得了“独占的统治”地位。黑格尔的观点大量地渗透进各种科学、通俗读物和

① 《马克思恩格斯选集》第 4 卷，人民出版社 2012 年版，第 226 页。

报刊中。

## 三、黑格尔学派的解体和费尔巴哈唯物主义的产生（第一部分第13—19自然段）

尽管黑格尔哲学是一个巨大的思想宝库，对当时的德国乃至欧洲的思想界产生了巨大的影响，然而黑格尔去世后不久，他的学派就开始解体了。恩格斯阐述了黑格尔学派解体的原因及其过程，并着重论述了费尔巴哈唯物主义的出现、意义及其缺陷。

### 1. 黑格尔学派的解体

恩格斯认为，黑格尔学派解体的根本原因，在于这一哲学体系的庞大，从而“为容纳各种极不相同的实践的党派观点留下了广阔场所”。恩格斯的这一评价有两点意蕴：其一，理论得要关照现实，面对实践中的困惑，如果你的解释“模棱两可”“不彻底”，就可能为后人从不同的方向寻求答案留下“空间”，从而产生分裂。其二，黑格尔哲学的内在矛盾，也就是体系的保守性和方法的革命性的矛盾，决定了这一学派的分裂。正如恩格斯所说，当时德国在实践上宗教问题和政治问题最突出，于是，“特别重视黑格尔的体系的人，在两个领域中都可能是相当保守的；认为辩证方法是主要的东西的人，在政治上和宗教上都可能属于最极端的反对派”。[1]

① 《马克思恩格斯选集》第4卷，人民出版社2012年版，第226页。

到 19 世纪 30 年代末，黑格尔学派的分裂越来越明显了，而他们多数人的哲学倾向又往往同年龄相关。于是，人们把以施特劳斯、鲍威尔、施蒂纳等人为代表的黑格尔学派的左翼，即强调黑格尔哲学的辩证法方法的人，称为“青年黑格尔派”（马克思也积极参加青年黑格尔派组织的“博士俱乐部”的活动，因而也被看作青年黑格尔派），而把以辛里克斯等人为代表的黑格尔学派的右翼，即强调黑格尔哲学的体系的人，称为“老年黑格尔派”。

青年黑格尔派在宗教问题上积极参与反对正统宗教虔诚派的斗争，在政治问题上积极参与反对封建反动派的斗争中，这使他们不得不放弃黑格尔哲学体系表面上对现实问题的超然态度，从而失去了普鲁士国家的容忍甚至保护。到 1840 年，弗里德里希·威廉四世登上了王座，这位君主采取了许多违背资产阶级民主革命要求的“倒行逆施”的政策，从而迫使青年黑格尔派公开宣称自己的宗教和政治立场：消灭传统的宗教和现存的国家。到 1842 年，“青年黑格尔派已经直接作为努力向上的激进资产阶级的哲学出现”[①]了。

当然，由于当时在德国进行政治斗争的风险比较大，而青年黑格尔派同样打上了德国资产阶级的软弱性的烙印，所以使得许多青年黑格尔派代表人物把主要的斗争方向转为反宗教的斗争，以间接地进行政治斗争。在围绕宗教问题展开的斗争中，

① 《马克思恩格斯选集》第 4 卷，人民出版社 2012 年版，第 227 页。

青年黑格尔派也发生了分歧。分歧的焦点主要是集中在“福音”神话如何产生的问题上。施特劳斯出版的《耶稣传》认为,《圣经》中关于耶稣的传说，是基督教早期信徒们集体“无意识”的产物，而不是某个人自觉的“自我意识”的结果。而鲍威尔则认为,《圣经》中的耶稣既不是神，也不是历史的真实人物，而是《福音》作者有意识编造出来的。对于福音中耶稣传说的争论，其背后涉及的是对黑格尔哲学的不同解读，即在人类历史中起决定作用的，究竟是黑格尔所谓的“绝对精神”这一“实体”呢，还是黑格尔所谓的对“绝对精神”的“自我意识”？后来，施蒂纳在其著作中主张，在历史中起决定作用的，既不是施特劳斯所谓的“实体”，也不是鲍威尔所谓的“自我意识”，而是“个人”，它才是至高无上的“唯一者”。

在黑格尔派的解体和青年黑格尔派的进一步分裂中，恩格斯认为，应该看到其中最积极的方面，是“对现存宗教进行斗争的实践需要，把大批最坚决的青年黑格尔分子推回到英国和法国的唯物主义”。[①]这同黑格尔哲学体系发生了根本的冲突。因为黑格尔哲学体系把自然界看成是“绝对观念”“外化”的产物，认为“绝对观念”是宇宙的本原，自然界是被“绝对观念”派生出来的；而唯物主义则把自然界看作唯一现实的东西。这一冲突使青年黑格尔派在思想中产生了彷徨：要不要从根本上背弃黑格尔哲学？

①《马克思恩格斯选集》第4卷，人民出版社2012年版，第228页。

### 2. 费尔巴哈唯物主义的出现

当时一部分青年黑格尔分子在反对宗教的斗争中，对一系列问题感到困惑不解：历史的决定力量究竟是“精神实体”还是“自我意识”，抑或是“个人”？就在这些人在黑格尔体系的框架中兜圈子而兜不出来的时候，费尔巴哈的《基督教的本质》一书在 1841 年出版了。恩格斯对这本书给予很高的评价：“它直截了当地使唯物主义重新登上王座，这就一下子消除了这个矛盾。自然界是不依赖任何哲学而存在的；它是我们人类（本身就是自然界的产物）赖以生长的基础；在自然界和人以外不存在任何东西，我们的宗教幻想所创造出来的那些最高存在物只是我们自己的本质的虚幻反映。”[①] 这样，黑格尔的“体系”被炸开并被抛在一旁了，从而青年黑格尔派关于耶稣的争论所产生的仅仅存在于想象之中的矛盾，也就被解决了。

恩格斯进一步指出了《基督教的本质》一书所产生的思想影响（包括对马克思和他本人的影响），那就是：“这部书的解放作用，只有亲身体验过的人才能想象得到。那时大家都很兴奋：我们一时都成为费尔巴哈派了。”[②] 当然，恩格斯一方面认为，马克思热烈地欢迎费尔巴哈的新观点，而这种新观点又强烈地影响了马克思新世界观的创立；另一方面又认为，即使在从“青年黑格尔派”转向“费尔巴哈派”的时候，马克思对费

① 《马克思恩格斯选集》第 4 卷，人民出版社 2012 年版，第 228 页。
② 《马克思恩格斯选集》第 4 卷，人民出版社 2012 年版，第 228 页。

尔巴哈已经持有种种批判性的保留意见，而没有完全陷入费尔巴哈派中，这为马克思很快通过费尔巴哈又超越费尔巴哈而创立新的世界观打下了“伏笔”。

### 3. 对费尔巴哈唯物主义缺点的初步评论

恩格斯接着对费尔巴哈唯物主义的缺点，进行初步评论（当然，对费尔巴哈详尽的批判，恩格斯在第二部分和第三部分作了展开），这间接地涉及了马克思对费尔巴哈持有的“批判性的保留意见”。

首先，恩格斯辩证地剖析了费尔巴哈唯物主义所产生影响的“限度”，那就是他“令人厌恶的美文学和泛爱的空谈”。[①] 由于受到费尔巴哈的影响，在德国“有教养的”的人中间传播开来的所谓“真正的社会主义”思想，更彰显了这两个缺点。对于第一个缺点，恩格斯评论道：费尔巴哈“美文学的、有时甚至是夸张的笔调”，一方面使人们在长期被黑格尔哲学晦涩词句统治后得以耳目一新，从而能赢得广大读者，但另一方面，它毕竟是以“美文学的词句代替了科学的认识”。对于第二个缺点，恩格斯指出：费尔巴哈对于“爱”的过度崇拜，一方面强调了人的感性存在，使人们能解脱黑格尔“纯粹思维”的统治，但另一方面，它“主张靠‘爱’来实现人类的解放，而不主张用经济上改革生产的办法来实现无产阶级的解放”[②]，从而使无

---

① 《马克思恩格斯选集》第 4 卷，人民出版社 2012 年版，第 229 页。

② 《马克思恩格斯选集》第 4 卷，人民出版社 2012 年版，第 229 页。

产阶级的解放成为空想。

其次，恩格斯辩证地剖析了费尔巴哈方法论的缺陷，那就是简单地抛弃黑格尔体系。当施特劳斯和鲍威尔各自抓住黑格尔哲学的一个方面，在论战中互相攻击的时候，费尔巴哈打破了黑格尔的体系，这是他的功绩，但是，他只是简单地把黑格尔哲学抛在一旁，把黑格尔哲学的辩证法“合理内核”也抛弃了，就像列宁后来所比喻的，倒洗澡水时把婴儿也倒掉了。为此，恩格斯感叹道：“黑格尔学派虽然解体了，但是黑格尔哲学并没有被批判地克服。”因为“简单地宣布一种哲学是错误的，还制服不了这种哲学。像对民族的精神发展有过如此巨大影响的黑格尔哲学这样的伟大创作，是不能用干脆置之不理的办法来消除的。必须从它的本来意义上‘扬弃’它，就是说，要批判地消灭它的形式，但是要救出通过这个形式获得的新内容”。[①] 这个内容，就是辩证法，而这一任务，正是由马克思恩格斯接着实现的。恩格斯不仅给我们指出了对待黑格尔哲学的科学态度，而且也告诉我们，对待历史上一切有重大影响的文化遗产和思想，都应该抱有“扬弃”即批判地继承或批判地吸收的科学态度。同样，对于非马克思主义乃至反马克思主义的思想或思潮，不能简单地通过语句的对照，就宣判这一思想或思潮就是错误的，因为这样只能证明它同马克思的论述不一致，还不足以“制服”这一思想或思潮，要真正“制服”某一思想或思

① 《马克思恩格斯选集》第 4 卷，人民出版社 2012 年版，第 229 页。

潮，必须深入剖析它的事实根据的不可靠性和逻辑的非严密性。这是恩格斯对费尔巴哈方法论上的缺点作上述评论给我们的重要启示。

最后，恩格斯指出，1848年的德国革命，毫不客气地把德国古典哲学都撇在了一旁，它不仅粉碎了黑格尔关于普鲁士王国的等级君主政体是“绝对观念”体现的梦呓，也无情地嘲笑了费尔巴哈所谓“爱”的理念，这样一来，费尔巴哈本人也被挤到后台去了。

# 第四章　哲学基本问题与费尔巴哈唯物主义的基本内核

恩格斯《费尔巴哈论》的第二、第三两部分，全面评述了费尔巴哈哲学，表明马克思的世界观尽管同费尔巴哈一样，是从黑格尔哲学中走出来的，但是，马克思并没有停留在费尔巴哈哲学上，而是超越了费尔巴哈哲学的缺陷，真正实现了人类思想史上的革命性变革。

《费尔巴哈论的》第二部分，共 24 个自然段，恩格斯论述了四大问题：一是提出并论述了哲学基本问题；二是依据哲学基本问题，分析了费尔巴哈哲学唯物主义的“基本内核”，以及他不愿意自称为唯物主义的原因；三是阐述了 18 世纪唯物主义的缺陷，以及唯物主义发展的必然性；四是评述了费尔巴哈唯物主义的局限性，并澄清了被施达克搞乱了的唯物主义同唯心主义的界限。

## 一、全部哲学特别是近代哲学的重大基本问题（第二部分第 1—7 自然段）

为了澄清施达克在划分哲学派别问题上的混乱，以正确评价费尔巴哈哲学，恩格斯在第二部分一开始就提出了哲学的基本问题，并论述了哲学基本问题的内容以及理解哲学基本问题需要注意的方面。

### 1. 哲学基本问题的提出

在第二部分，恩格斯开门见山指出："全部哲学，特别是近代哲学的重大的基本问题，是思维和存在的关系问题。"[①]这是恩格斯总结了人类思想史发展的经验，第一次得出的科学结论。

接着，恩格斯从欧洲哲学史的角度，论述思维和存在的关系问题之所以成为哲学基本问题的历史根据。他大体从古代、中世纪和近代三个阶段进行追溯。

思维和存在的关系问题，根源于蒙昧时代的愚昧无知的观念。在古代，由于生产力发展水平十分低下，人们生活在普遍愚昧的状况下，完全不知道自己身体的构造，加上受梦中景象的影响，于是就不可抗拒地产生了灵魂的观念，以为灵魂是独立于肉体的，以为它才是人的根本的存在。同时，人们又把"自然力人格化"，认为各种自然现象特别是灾害性的自然力，是由超自然的神秘力量控制的，它有情感和意志，这样就形成了各种各样的神的观念。以后随着各种宗教的进一步发展，多神教又发展为一神教。于是，人们思考人同外部世界的关系，就通过"灵魂"和"神"的关系来表达。这是思维和存在关系问题的最原始的形式，或是思维和存在关系的萌芽形式。

---

①《马克思恩格斯选集》第4卷，人民出版社2012年版，第229页。

到了中世纪，思维同存在的关系问题，在经院哲学中也起过巨大的作用。在中世纪的欧洲，基督教神学在思想上和政治上占绝对统治地位，科学受到宗教势力的打压，哲学成为神学的“婢女”，人们无法自觉地普遍地怀疑上帝的存在以及它作为世界的本原的观点。

到了近代，思维和存在的关系问题，才被直接提了出来，并且“获得了完全的意义”。因为随着资本主义生产关系的萌芽，自然科学有了发展，唯物主义科学找到了根据，传统的宗教观念受到了冲击。英国实验唯物主义的始祖培根就直接挑战中世纪的经院哲学，强烈抨击经院哲学以上帝为大前提对整个世界存在的知识作“三段论”的演绎，如同“不会生育的修女”，他强调对自然的研究才是知识的本原，从而提出著名的“知识就是力量”的命题。于是，在唯物主义思想的推动下，站在反封建专制和基督教神学前沿的智者，以尖锐的形式对教会提出这样的问题：世界究竟是神创造的，还是从来就有的？这一问题背后的实质就是，世界的本原是精神，还是自然界？

### 2. 哲学基本问题第一方面的内容

在从历史和逻辑的统一中清晰地表达了“全部哲学的最高问题”是思维对存在、精神对自然界的关系问题后，恩格斯详细阐述这一基本问题所涉及的两个方面的内容：第一方面谁是第一性？第二方面是两者有无同一性？

哲学基本问题第一方面的内容，是思维与存在、精神与自然界谁是第一性的问题，或者说哪个是本原的问题。恩格斯明确把对这一问题的回答，界定为划分唯物主义和唯心主义的唯一标准:“哲学家依照他们如何回答这个问题而分成了两大阵营。凡是断定精神对自然界说来是本原的，……组成唯心主义阵营。凡是认为自然界是本原的，则属于唯物主义的各科学派。”[①]

把对思维和存在谁第一性问题的回答，作为划分唯物主义和唯心主义的标准，是恩格斯第一次明确表达的。他还认为，这一问题不仅是哲学的“基本问题”，而且是“全部哲学的最高问题”。在哲学史上，各派哲学的争论，归根到底都离不开对这一问题的回答。哲学史上名目繁多的思想派别，政治倾向可以各不相同，但最终都无法回避对这基本问题的回答，或者是自觉地回答，或者是不自觉地回答，因为这一问题是哲学学派的基本立足点。在哲学上企图凌驾于唯物主义和唯心主义之上的所谓思维和存在“二元论”哲学，最终都以倾向于唯心主义而撕下自己折中主义的外衣。

在作出唯物主义和唯心主义的这一界定后，恩格斯表达了一个非常重要的、而迄今为止都被人们忽视的思想，即“除此之外,唯心主义和唯物主义这两个用语本来没有任何别的意思，它们在这里也不是在别的意义上使用的。下面我们可以看到，如果给它们加上别的意义，就会造成怎样的混乱”。[②]

恩格斯的界定，谁是“第一性”，或谁是“本原”？学究点

---

①《马克思恩格斯选集》第 4 卷，人民出版社 2012 年版，第 231 页。

②《马克思恩格斯选集》第 4 卷，人民出版社 2012 年版，第 231 页。

说，谁是“派生者”，谁是“被派生者”？通俗点说，是孰先孰后？但是我们过去往往把这一界定“放大”了，附加了“别的意义”，如把划分唯物主义和唯心主义的标准界定为：自然界和精神谁“决定”谁，或者“世界是物质的，还是精神的”。孰知，马克思恩格斯作为唯物主义者，强调了自然界对于人类社会及其精神（或意识）的先在性，强调没有自然的物质世界，就没有人类社会及其精神或意识，但他们从来没有说过人类社会及其精神或意识是由自然界或物质决定的。恩格斯并没有把对“世界是物质的、还是精神的”回答，作为划分唯物主义和唯心主义的标准。因为从思想史的发展看，所有的唯心主义都承认物质世界的存在，而除了庸俗唯物主义外，也都承认精神的存在。从逻辑上看，一旦你提出“世界是物质的，还是精神的”命题，就意味着你已经预设了物质和精神的存在。问题只是在于：两者谁是第一性，或者谁是本原？

在马克思恩格斯的视野中，自然界或物质对于人类社会及其精神或意识的产生而言，只是必要条件，而非充分条件，人类社会及其精神或意识，是由基于自然界或物质为基础的社会实践决定的。在他们的话语体系中，凡是涉及意识的产生的，用的都是“社会生活”“社会产物”“实践”“物质生产”“物质交往”“物质关系”等，而从来没有说过自然界或物质决定人类社会或精神。即使对于物质生产，恩格斯晚年仍反复说明：“根据唯物史观，历史过程中的决定性因素归根到底是现实生活的生产和再生产。无论马克思或我都从来没有肯定过比这更多的东西。如果有人在这里加以歪曲，说经济因素是唯一决定性的因素，那么他就是把这个命题变成毫无内容的、抽象的、荒诞无稽的空话。”[1]即使对于“现实生活的生产和再生产”的经济因素，在马克思恩格斯那里还只是人类社会历史的“归根到底”的“决定性因素”，而不是全部决定作用，更不待说自然界的物质了。

恩格斯晚年更是运用自然科学的新成果，对是由实践而不是自然物质决定的人们的意识，予以更充分的论证：“自然科学和哲学一样，直到今天还全然忽视人的活动对人的思维的影响；它们在一方面只知道自然界，在另一方面又只知道思想。但是，人的思维的最本质和最切近的基础，正是人所引起的自然界的变化，而不仅仅是自然界本身。”[2]

把人类社会及其精神或意识说成是自然界的物质决定的，并把它说成是马克思的核心观点或逻辑起点，实质上否认了马克思的世界观同旧唯物主义的根本区别，这样，恩格斯写《费尔巴哈论》的第二部分和第三部分也就失去了意义。恩格斯已经看到了这种对哲学基本问题“过度”解读在当时所造成的思想混乱（恩格斯在第二部分最后对此有深刻阐述，下文再涉及）。厘清这一混乱，不仅对于理解费尔巴哈哲学的“基本内核”及其缺陷，对于把握马克思世界观对费尔巴哈哲学的超越，具有关键的价值；而且恩格斯的“警告”，对于我们今天把握马克思

①《马克思恩格斯选集》第4卷，人民出版社2012年版，第604页。
②《马克思恩格斯选集》第3卷，人民出版社2012年版，第922页。

主义世界观的真谛，克服在马克思主义发展和传播史上曾经存在的教条主义，也具有重要的现实价值。

### 3. 哲学基本问题第二方面的内容

哲学基本问题第二方面的内容，是思维和存在有没有同一性问题，也就是“我们的思维能不能认识现实世界？我们能不能在我们关于现实世界的表象和概念中正确地反映现实？”[①]即世界是否是可知的。恩格斯把对思维和存在是否具有同一性问题的回答，作为区分哲学上的可知论和不可知论的标准：凡是承认思维和存在具有同一性的，即思维可以反映存在的，是可知论；凡是否认思维和存在具有同一性的，即认为思维不能反映存在的，是不可知论。

恩格斯提到了欧洲哲学史上两个著名的不可知论哲学家休谟和康德。英国近代哲学家休谟作为唯心主义的经验论者，从感觉经验论出发，认为我们所能知道的一切，都源于感觉经验，既然如此，那么除了感觉经验，我们无法知道什么，甚至于感觉经验以外的世界是否存在，都是没有办法断定的。这就在人们的感觉经验同外部世界之间划了一条不可逾越的鸿沟，从而否认了认识世界的可能性。德国古典哲学中二元论的代表人物康德，认为人们的认识有两个来源：从扩展知识内容来说，它来源于对“自在之物”即“存在”的感觉，但它不具有普遍必然性；从知识的普遍必然性要求看，它又源于主体先天的思维

① 《马克思恩格斯选集》第4卷，人民出版社2012年版，第231页。

形式，两者一结合，就使知识既具有新的内容，又具有普遍必然性。然而，由于我们所获得的知识，是由先天的思维形式改造后天源于存在的感觉经验而得来的，因此它是否能反映存在的本质，便不得而知了，我们能知道的，只是感觉经验中的现象而已。这就否认了彻底认识世界的可能性。

恩格斯认为，绝大多数哲学家都对思维和存在的关系给予肯定的回答，即持可知论观点，其中包括所有的唯物主义者和绝大多数唯心主义。

对于唯物主义者来说，思维和存在的同一性，是不言而喻的事情。因为人类及其思维，本身是自然的物质世界的最高产物，是存在的派生物，它既然来源于物质世界，就一定能反映物质世界。在人类思维与物质世界之间不存在不可逾越的鸿沟。人类对物质世界的认识，就是通过感觉经验的这一中介，再加以思维能力而加工提炼成的，因此，思维一定能够反映存在。区别只是在于两点：一则，只有暂时没有能够认识的东西，而不存在永远不可能被认识的东西；二则，人类又不可能完成对世界的认识，因为随着物质世界的发展，人类的认识也需要不断发展。这就是唯物主义反映论的可知论。

恩格斯又认为，大部分唯心主义者也是可知论者，但是，他们是以精神或者思维为本原、物质是精神的派生物为基本立场的，这样，思维对存在的反映，就是对精神自己的派生物的反映，这理所当然是具有同一性的，也就是能够被认识的。其中主观唯心主义认为，“存在就是被感知”，也就是“存在”是依赖于我们的感知，我们感知到的“存在”，才是存在，而既然被感知到了，就一定能被认识。而客观唯心主义者黑格尔则认为，客观世界是在人类没有诞生前就已经存在的“绝对观念”“外化”出来的，最后在客观世界中产生出人类及其精神，因此，人的精神不过是对“绝对观念（或绝对精神）”的复归，这样，人的精神去认识客观世界，无非是所复归的“绝对观念”对所外化的“绝对观念”的认识，两者具有同一性，这也是“不言而喻”的，正如恩格斯所说：“在黑格尔那里，……我们在现实世界中所认识的，正是这个世界的思想内容，也就是那种使世界成为绝对观念的逐步实现的东西，这个绝对观念是从来就存在的，是不依赖于世界并且先于世界而在某处存在的；但是思维能够认识那一开始就已经是思想内容的内容，这是十分明显的。”[①]

问题在于，唯心主义的可知论和停留在一般唯物主义的反映论，能否彻底驳倒不可知论呢？恩格斯的一段话特别值得我们回味，那就是：“对驳斥这一观点具有决定性的东西，凡是从唯心主义观点出发所能说的，黑格尔都已经说了；费尔巴哈所增加的唯物主义的东西，与其说是深刻的，不如说是机智的。对这些以及其他一切哲学上的怪论的最令人信服的驳斥是实践，即实验和工业。”[②]这就是说，无论是唯心主义可知论，还是旧唯物主义的反映论，对不可知论都没有提供“最令人信服的驳斥”。

①《马克思恩格斯选集》第 4 卷，人民出版社 2012 年版，第 231 页。
②《马克思恩格斯选集》第 4 卷，人民出版社 2012 年版，第 232 页。

客观唯心主义所预设的客观世界之前的“绝对观念”，是不可知论绝对无法接受的，黑格尔也只能从逻辑上加以推论，而根本没有进行科学的和历史的论证。而主观唯心主义无法证明“存在”为什么就是“被感知”，如果它坚持世界的“一切”都源于“感知”，那就陷入不可知论的“陷阱”：既然一切都取决于“感知”，那么你怎么知道“感知”以外的东西呢？旧唯物主义的反映论同样存在这一问题，如果人是通过感知去反映世界的，那你怎么证明我们的感知一定符合世界的本质？感知为什么不可能欺骗我们？因为毕竟不同的主体或同一主体处在不同的条件下，对同一事物的感知是有偏差的。它更不能回答康德提出的问题：感觉经验是个别的、偶然的，而人类的知识应该是普遍的、必然的，从感觉经验出发而得到普遍必然的知识，其中一定包含了先于感觉经验的东西在加工改造，这样一改造，你怎么知道改造的结果就一定符合“自在之物”的本质呢？

于是，马克思“实践的唯物主义”[①]的新世界观得以登场。恩格斯精辟地指出，实践论可以驳倒不可知论：“对这些以及其他一切哲学上的怪论的最令人信服的驳斥是实践，即实验和工业。”因为“既然我们自己能够制造出某一自然过程，按照它的条件把它生产出来，并使它为我们的目的服务，从而证明我们对这一过程的理解是正确的，那么康德的不可捉摸的‘自在之

---

① 马克思恩格斯对自己哲学的用语，见《马克思恩格斯选集》第1卷，人民出版社2012年版，第155页。

物’就完结了”。[1] 为此，恩格斯举了当时最先进的自然科学成就的例子来证明这一点，如化学中茜素的提炼，天文学中海王星的发现，等等。

通过对思维和存在有无同一性问题的阐述，恩格斯在这里得出了一个马克思“实践的唯物主义”这一新世界观的基本结论，那就是：“在从笛卡儿到黑格尔和从霍布斯到费尔巴哈这一长时期内，推动哲学家前进的，决不像他们所想象的那样，只是纯粹思想的力量。恰恰相反，真正推动他们前进的，主要是自然科学和工业的强大而日益迅猛的进步。”[2]

## 二、费尔巴哈哲学的“基本内核”和他不愿意自称为唯物主义的原因（第二部分第 8—10、14—16 自然段）

在阐述了哲学基本问题的两个方面内容的基础上，恩格斯回到了对费尔巴哈哲学的评述。他首先指出了施达克在所写的《路德维希·费尔巴哈》一书时的弊病：一方面，他过分形式主义地拘泥于黑格尔著作中的个别词句，从而大大贬低了黑格尔；另一方面，他在评述费尔巴哈哲学时，又把各种哲学流派的用语堆砌在一起，从而造成了评价上的混乱，最重要的混乱，是把费尔巴哈说成是唯心主义者。为此，恩格斯用对哲学基本问题的回答为主线，科学地评价了费尔巴哈的哲学。

① 《马克思恩格斯选集》第 4 卷，人民出版社 2012 年版，第 232 页。
② 《马克思恩格斯选集》第 4 卷，人民出版社 2012 年版，第 233 页。

### 1. 费尔巴哈哲学的唯物主义的“基本内核”

恩格斯首先指出：“费尔巴哈的发展进程是一个黑格尔主义者（诚然，他从来不是完全正统的黑格尔主义者）走向唯物主义的发展进程，这一发展使他在一定阶段上同自己的这位先驱者的唯心主义体系完全决裂了。”[①]费尔巴哈原来是黑格尔的学生，到1839年写《黑格尔哲学批判》时，就意味着同他的老师的公开决裂。1841年出版的《基督教的本质》一书，由于它恢复了唯物主义的权威，而被誉为是具有极大解放作用的划时代的著作。从此，他以一个杰出的唯物主义哲学家蜚声于世。

费尔巴哈对黑格尔哲学的最击中要害的批判，体现在他直截了当指出，黑格尔所谓先于自然界而存在的“绝对观念”，纯粹是一个“虚构”，在宇宙之前就有的“逻辑范畴的预先存在”，“不外是对超自然造物主的信仰的虚幻残余”。因此，他认为，黑格尔“绝对观念”，无法是“理性化的上帝”，而基督教中的“上帝”，可被看成是“感性的绝对观念”。因为黑格尔从“绝对观念”派生出自然界，再从自然界诞生出人类，认为人类的精神是对“绝对观念”的回归，这一路径，同基督教所宣称的“上帝”派生出自然界，再从自然界诞生出人类，认为人类的精神是对“上帝”的回归，完全一样，只不过黑格尔把“上帝”置换成了理性的“绝对观念”而已。

于是，费尔巴哈断言：“我们自己所属的物质的、可以感知

① 《马克思恩格斯选集》第4卷，人民出版社2012年版，第233页。

的世界，是唯一现实的；而我们的意识和思维，不论它看起来是多么超感觉的，总是物质的、肉体的器官即人脑的产物。物质不是精神的产物，而精神本身只是物质的最高产物。”恩格斯在转述这段话后，根据对哲学基本问题第一方面内容的标准，立即对此做出判断：“这自然是纯粹的唯物主义。”[①] 这就是费尔巴哈哲学的“基本内核”。

需要澄清的是，从斯大林时期苏联的教科书，到中国以前的一些马克思主义哲学教科书，都把恩格斯所转述的费尔巴哈的话，当作恩格斯甚至马克思的话语，这无疑是把马克思的世界观降低到了费尔巴哈唯物主义的水平。马克思坚持了“物质不是精神的产物，而精神本身只是物质的最高产物”的一般唯物主义，但又通过把物质和精神的关系放到社会存在和人的实践的基础上加以考察，从而超越了费尔巴哈唯物主义的水平。正如恩格斯接着所说的：“费尔巴哈到这里就突然停止不前了。”因为他不仅反对唯物主义这个名称，而且在对社会历史领域的解释方面根本没有前进，而是依然停留在唯心主义上（对后一缺陷，恩格斯在第三部分展开了论述）。

### 2. 费尔巴哈不愿自称是唯物主义及其原因

费尔巴哈是一个唯物主义者，但吊诡的是，他自己却不承认是唯物主义者，更不愿其他人称他是唯物主义者。正如他所说：“在我看来，唯物主义是人的本质和人类知识的大厦的基础；

① 《马克思恩格斯选集》第 4 卷，人民出版社 2012 年版，第 234 页。

但是，我认为它不是……大厦本身。向后退时，我同唯物主义者完全一致；但是往前进时就不一致了。”[①]费尔巴哈在这里所说的唯物主义者，主要是指18世纪唯物主义者和19世纪庸俗唯物主义者。在18世纪唯物主义者中，拉美特利用机械运动来解释世界的一切运动，不仅把动物看成是机器，甚至把人也看成是机器；霍布斯把自然界看成是抽象的几何学上的量；斯宾诺莎也把自然界看成是在时间以外的不同实体。而19世纪德国和荷兰等国的自然科学家中的一些庸俗唯物主义者，甚至用物质来解释思想和精神。费尔巴哈不同意这些观点，他认为，人是生活在活生生的有血有肉的关系之中的，自然界也是多种多样的。

在费尔巴哈的思维中，自然物质构成了社会“大厦”（包括人的本质和人类知识）的基础，没有自然界，就没有人类社会；但是，物质绝不是社会“大厦”的本身，因为人类社会和人的精神的丰富性和复杂性，靠自然物质是解释不了的。所以，“后退”到社会“大厦”的基础，费尔巴哈可以说自己是唯物主义者；然而，要像18世纪唯物主义者和19世纪庸俗唯物主义者那样，把人类社会和人的精神归根结底都看成是物质，这点费尔巴哈接受不了，所以他表态说，他对社会“大厦”的解释，要“往前进”，因而他不屑于称自己是唯物主义者。

对于费尔巴哈对待唯物主义的看法，应该辩证地加以分析，

① 《马克思恩格斯选集》第4卷，人民出版社2012年版，第234页。

毕竟，马克思也曾经批评过霍布斯等 18 世纪唯物主义者，说他们把唯物主义变成了“冷冰冰的唯物主义”。恩格斯肯定了费尔巴哈对 18 世纪唯物主义和 19 世纪庸俗唯物主义的质疑，他在第二部分稍后的阐述中指出：“如果说唯心主义当时已经智穷才竭，并且由于 1848 年革命受到了致命的打击，那么，它感到满足的是，唯物主义在这个时候更是江河日下。费尔巴哈拒绝为这种唯物主义负责是完全对的。”“费尔巴哈说得完全正确：纯粹自然科学的唯物主义虽然‘是人类知识的大厦的基础，但不是大厦本身’。”[①]

那么明明是唯物主义的立场，却不愿称自己是唯物主义者，问题出在什么地方呢？恩格斯认为，问题出在“费尔巴哈在这里把唯物主义这种建立在对物质和精神关系的特定理解上的一般世界观同这一世界观在特定的历史阶段即 18 世纪所表现的特殊形式混为一谈了。不仅如此，他还把唯物主义同它的一种肤浅的、庸俗化了的形式混为一谈了”。[②] 这是费尔巴哈唯物主义很大的缺陷之一（恩格斯指出费尔巴哈唯物主义有两大缺陷，另一个是在解释人类社会时，费尔巴哈并没有前进，还是停留在唯心主义的立场上，关于这一点，恩格斯在第二部分后面和第三部分，展开了专门论述）。

恩格斯又分析了费尔巴哈把作为一般世界观的唯物主义，混同于它在特定历史阶段（18 世纪唯物主义和 19 世纪庸俗唯

---

①《马克思恩格斯选集》第 4 卷，人民出版社 2012 年版，第 236、237 页。

②《马克思恩格斯选集》第 4 卷，人民出版社 2012 年版，第 234 页。

物主义）的特殊形式的原因，那就是：尽管新的自然科学在“剧烈的酝酿过程中”，费尔巴哈也看到了细胞、能量转化和达尔文进化论的发现，而这些自然科学的新发现足以改变唯物主义的形式而避免庸俗化。然而，由于当时德国的社会环境迫使费尔巴哈离开了大学的讲坛，不得不长期住在穷乡僻壤，过着孤陋寡闻的生活，脱离了社会的革命实践，没有能够对科学予以充分关注，这使他不可能从不同观点的讨论和论战中丰富和发展自己的思想，更遑论对新的科学发现予以足够的评价了。这样，通过概括自然科学的新发现，从而排除18世纪唯物主义的片面性，形成新的自然观和历史观，就没能被费尔巴哈所了解。

## 三、随着自然科学领域中每一个划时代发现唯物主义必然要改变形式（第二部分第10—13自然段）

为了进一步说明费尔巴哈把唯物主义混同于它的特殊表现形式这一缺陷，恩格斯接着详细论述了唯物主义在不同阶段表现形式的发展，他特别指出：“像唯心主义一样，唯物主义也经历了一系列的发展阶段。甚至随着自然科学领域中每一个划时代的发现，唯物主义也必然要改变自己的形式；而自从历史也得到唯物主义的解释以后，一条新的发展道路也在这里开辟出来了。”[①]恩格斯在马克思主义思想史上，第一次提出了哲学发

① 《马克思恩格斯选集》第4卷，人民出版社2012年版，第234页。

展同自然科学发展的内在密切关系的思想，即自然科学发展是哲学发展的动力之一。我们要求把哲学作为一种意识形态，强调它同阶级利益和阶级斗争的关系，这是没有错的，但由此而忽视它与自然科学的关系，有时就会把哲学派别之间的斗争，简单地都视为阶级斗争的直接反映，这种教条主义的观点需要摒弃。

恩格斯认为，以 18 世纪唯物主义为代表的旧唯物主义，有三大局限性，即机械性、形而上学性和历史领域的非历史性，而之所以存在这三大局限性，都同自然科学的时代发展条件有关。

### 1. 18 世纪唯物主义主要是机械唯物主义

恩格斯指出，18 世纪唯物主义的第一个特有的局限性在于，它用机械力学的思维解释世界的一切运动，用力学的尺度来衡量化学性质和有机性质的过程，甚至把人也看成是机器。这是法国古典唯物主义的一个缺陷。

恩格斯进一步分析道，造成 18 世纪唯物主义机械性这一局限性的重要原因之一，是由于受到当时自然科学发展水平的限制。因为当时自然科学在研究内容的领域中，只有力学（主要是固体力学）达到了某种完善的程度，人们成功地用力学原理解释了很多自然现象。而当时化学还很幼稚，还只能用燃素说来说明燃烧现象，即认为燃烧过程取决于可燃物体内存在一种特殊的燃素物质，燃素就是可燃物质中的溢出；生物学更是只处在“襁褓”中，它也只能用机械的原因来揭示植物和动物的有机体。于是，它造成了18世纪唯物主义“在当时不可避免的局限性”。[①]

### 2. 18世纪唯物主义的形而上学性

恩格斯指出，18世纪唯物主义的第二个特有的局限性在于，它认为世界的物质运动只是简单地循环甚至重复，永远绕着一个圆圈旋转，总是产生同一结果，而不是一种处在不断的历史发展中的前进过程。这就是一种孤立、静止看问题的形而上学思维。

恩格斯进一步分析道，造成18世纪唯物主义形而上学性这一局限性的重要原因之一，依然是当时自然科学发展状况的限制。因为当时自然科学在研究的方法中，主要运用的还只是形而上学的即反辩证法的思维方法。恩格斯在《自然辩证法》中具体地研究了18世纪自然科学主要运用这种思维方法的原因，那就是当时的各门自然科学还处在分门别类搜集材料、侧重于在各种领域对所收集的材料进行分析的境况，还不可能对自然现象的各领域、自然科学的各门类的所发现的材料进行综合，如康德的太阳系起源理论刚刚提出，地球发展史还完全没有人知道，生物是由简单到复杂的长期发展过程的结果的学说还根本没有科学地提出来。因而这种对自然界的非历史观点，在当时同样是不可避免的。

① 《马克思恩格斯选集》第4卷，人民出版社2012年版，第235页。

### 3. 18世纪唯物主义在历史领域中的非历史观点

恩格斯指出，18世纪唯物主义的第三个局限性在于，在历史领域的非历史观点，如只看到中世纪的千年野蛮状态，是人类历史发展的“简单中断”，而中世纪的进步，包括欧洲文化领域的扩大，以及14世纪和15世纪技术的巨大进步，都被忽视了。这种割断了历史的思维，实际上是一种历史唯心主义。

恩格斯进一步分析道，造成18世纪唯物主义对历史的非历史观点的原因，是那时唯物主义者的视野受到了反对中世纪残余斗争的限制：在自然科学和哲学思维上，欧洲近代所取得的成就，被直接看成是对古希腊罗马时代的复兴，于是，“对伟大历史联系的合理看法就不可能产生，而历史至多不过是一部供哲学家使用的例证和图解的汇集罢了”。①

在剖析18世纪唯物主义的局限性时，我们要特别注意恩格斯历史唯物主义的思想方法，即把对问题的分析放到一定的历史背景中，而不是对前人求全责备。恩格斯从18世纪的自然科学的发展状况来看它对哲学思维的视野的限制，并多次强调其局限性的“不可避免”，提出“大可不必去责备18世纪的哲学家”，甚至用19世纪的黑格尔加以对照，认为黑格尔也存在以下观点：由于自然界只是观念的“外化”，因而它只能在空间扩展自己的多样性，而没有时间上的发展。而这时地质学、胚胎学、植物和动物生理学以及有机化学都已经建立起来，但是黑

① 《马克思恩格斯选集》第4卷，人民出版社2012年版，第236页。

格尔为了构建客观唯心主义的体系，不得不在辩证方法背叛了自己。这告诉我们，历史地评价历史任务和历史思维，才是历史唯物主义的方法。以往我们经常用今天的标准去衡量历史，譬如，牛顿的“上帝的第一推动力”是反动的，18世纪唯物主义的孤立静止地看待世界是反动的，等等，不一而足。殊不知，牛顿是把“无处不在、无时不在而又统治整个世界的上帝”“驱逐”了出去，而给它仅仅留下了一个“第一推动力”的作用；他认为其他所有的一切，都由自然界服从自己的规律了，因而无需上帝了。这不是历史的巨大进步吗？同样，18世纪唯物主义把一切归结为当时自然科学所认定的机械运动，同样是对科学的尊重，是对上帝创世说和精神主宰世界的唯心主义的否定。

## 四、费尔巴哈在社会历史领域没有前进（第二部分第17—24自然段）

通过剖析了18世纪唯物主义的局限性，恩格斯说明了费尔巴哈把唯物主义的一般世界观混同于它在特殊阶段的特殊表现形式的第一个缺陷，在此基础上，他进一步剖析了费尔巴哈的第二个缺陷：历史领域的唯心主义。

恩格斯认为：“我们不仅生活在自然界中，而且生活在人类社会中，人类社会同自然界一样也有自己的发展史和自己的科学。因此，问题在于使关于社会的科学，即所谓历史科学和哲学科学的总和，同唯物主义的基础协调起来，并在这个基础上加以改造。”[①]这就是说，人类社会同自然界既有联系，又有区别，它有自己的发展史和自己的科学，这一点，费尔巴哈说得没错，即他区分了“人类知识大厦的基础”和“大厦本身”。但问题是，对不全是“物质”的“大厦本身”，该如何给出唯物主义的解释，即“同唯物主义的基础协调起来”？

对于这一点，恩格斯认为费尔巴哈是做不到的，因为他虽然有唯物主义的“基础”，但一进入到人类社会历史的领域，就依然受到传统的唯心主义的束缚。因此，尽管费尔巴哈自称同18世纪唯物主义和19世纪庸俗唯物主义相比，在历史领域要“往前进”，但是，恩格斯断言：“在社会领域内，正是费尔巴哈本人没有‘前进’。”[②]

对于费尔巴哈在社会历史领域的唯心主义问题，恩格斯主要在《费尔巴哈论》的第三部分详加考察。在这里，恩格斯又回到了哲学基本问题第一方面内容的界定上，以说明施达克说费尔巴哈是唯心主义者（实际上费尔巴哈也因此不愿意承认自己是唯物主义）的理由，是“找错了地方”。因为施达克的理由是费尔巴哈“相信人类的进步”，相信“同情、爱以及对真理和正义的热诚”等“理想的力量”[③]。让我们回到《费尔巴哈论》第二部分前面恩格斯在提出划分唯物主义和唯心主义标准时说的一段话：除了精神和自然界谁“第一性”的标准之外，“唯心

①《马克思恩格斯选集》第4卷，人民出版社2012年版，第237页。
②《马克思恩格斯选集》第4卷，人民出版社2012年版，第237页。
③《马克思恩格斯选集》第4卷，人民出版社2012年版，第237—238页。

主义和唯物主义这两个用语本来没有任何别的意思，它们在这里也不是在别的意义上使用的。下面我们可以看到，如果给它们加上别的意义，就会造成怎样的混乱”。[①] 施达克在评价费尔巴哈时，就加剧了这一混乱，因为他把对理想的追求、承认思想力量、相信人类进步当作唯心主义，从而犯了混淆唯物主义和唯心主义界限的错误。对此，恩格斯从三个方面加以了澄清：

第一，从德国思想史的角度看，把对理想目的的追求叫作唯心主义，是某种迷信。恩格斯认为，施达克之所以有这样的思路，与康德关于道德的“绝对命令”思想有必然联系，因为在康德的道德原则中，“善良意志”是先于经验的、至高无上的“绝对命令”，是没有任何后天的理由的。然而，恩格斯又指出，康德的哲学自称为“先验的唯心主义”，绝不是说他讲到道德理想，而完全是由于别的理由，即他把时间和空间、量和质、必然性和偶然性等范畴，都看成是人的认识能力中先验地给予的东西，而不是后天从经验中获得的。如果认为哲学唯心主义的中心就是对道德理想即对社会理想的信仰，这就是一种偏见。

第二，从人类活动的特点看，把承认思想的力量当作唯心主义，是混淆了人类同包括动物在内的自然界的关系。恩格斯认为，人从事的一切活动，都要通过人的头脑，甚至人的感性活动，也是由头脑的感觉支配的。外部世界对人的影响，通过人头脑的感觉、思想、动机、意志等发挥作用而成为“理想的

① 《马克思恩格斯选集》第 4 卷，人民出版社 2012 年版，第 231 页。

意图”并转化成“理想的力量”。因此，不能把追求“理想的意图”并承认“理想的力量”对人的影响，都当作唯心主义者。问题是，怎么来界定思想的“源泉”，只有把它看成是“先天固有”或“上帝赋予”的，才是唯心主义。恩格斯还讽刺道，如果把承认思想的力量都当作唯心主义，那么任何一个发育稍稍正常的人都是天生的唯心主义者了。

第三，从哲学史的发展看，把相信人类进步看成唯心主义，违背了哲学的发展史实。恩格斯认为，相信人类社会是进步的信念，是同唯物主义和唯心主义的对立是毫不相干的。18世纪的法国唯物主义者，包括伏尔泰、卢梭、狄德罗等人，都抱有这种信念，并且往往为它付出了最大的个人牺牲，甚至为此而献出了整个生命。“由此可见，施达克把这一切说成是唯心主义，这只是证明：唯物主义这个名词以及两个派别的全部对立，在这里对他来说已经失去了任何意义。”[①]

最后，对于划分唯物主义和唯心主义标准问题上的混乱，恩格斯剖析了原因。他认为，施达克是在向看待唯物主义的庸人偏见做出“不可饶恕的让步”。由于受到教会长期对唯物主义的诽谤的影响，“庸人把唯物主义理解为贪吃、酗酒、娱目、肉欲、虚荣、爱财、吝啬、贪婪、牟利、投机，简言之，即他本人暗中迷恋着的一切龌龊行为；而把唯心主义理解为对美德、普遍的人类爱的信仰，总之，对‘美好世界’的信仰”。[②] 因为

① 《马克思恩格斯选集》第4卷，人民出版社2012年版，第239页。
② 《马克思恩格斯选集》第4卷，人民出版社2012年版，第239页。

“人的一半是野兽，一半是天使”，是由教会流传下来而成为庸人的“心爱的歌”：人生来有两种本性，一种是追求物质享受的野兽的本性，一种是追求精神美满的天使的本性，唯物主义者强调物质，追求物质享受，发展了兽性，而唯心主义者强调精神生活，彰显了天使的本性。而施达克显然附和了庸人对唯物主义的污蔑。

恩格斯对哲学基本问题第一方面划分唯物主义和唯心主义标准的起点，以及对施达克在这一问题上的混乱所作的澄清，对我们今天准确理解和把握马克思世界观，有极大的启示。今天，某些贪污受贿的共产党员，给自己壮胆的“底气”，就是“彻底的唯物主义者是无所畏惧的”；而一些敌对势力攻击马克思主义和社会主义制度，认为其“原罪”就是只相信物质的“彻底的唯物主义”。这相反的两极的共同点，是对马克思主义的唯物主义的“亵渎”。而以往在马克思主义传播和宣传过程中的误区，客观上为这种“亵渎”提供了“口实”。因为在我们过去有的宣传中，把物质而不是实践当作马克思世界观的出发点，强调人的认识乃至人类社会发展规律都是由自然物质运动决定的，这无疑是把对马克思世界观的解释退回到旧唯物主义。今天，习近平总书记在中国特色社会主义的道路自信、理论自信和制度自信的基础上，又强调了文化自信。如果没有对恩格斯关于哲学基本问题的全面准确的把握，便无法理解习近平总书记所强调的文化自信的重要价值。

# 第五章　费尔巴哈的唯心主义历史观及其根源

在《费尔巴哈论》的第三部分指出费尔巴哈的两大缺陷（把唯物主义的一般形式混同于它在某一历史阶段的特殊表现，以及在社会历史领域并没有“前进”）后，恩格斯在这一部分进一步揭示了费尔巴哈在历史领域没有“前进”的表现，以及为什么没有“前进”的原因。这为回答马克思为什么能在思想史上创立新的世界观的问题，奠定了历史和逻辑相统一的基础。

《费尔巴哈论》第三部分共 20 个自然段，主要阐述了三大问题：一是费尔巴哈宗教观的唯心主义实质；二是费尔巴哈伦理观的唯心主义实质；三是费尔巴哈在历史观上依然停留在唯心主义的原因。

## 一、费尔巴哈宗教观批判：显露了真正的唯心主义（第三部分第 1—7 自然段）

在 19 世纪上半叶，德国的很多社会矛盾，表现在宗教问题上；德国的思想家，要成为社会变革的先导，也往往拿宗教问题说事。费尔巴哈也是这样，他提出了自然界是人类历史的基础的唯物主义思想，并指出不是上帝创造人，而是人按照自己的需要创造了上帝。既然如此，那为什么恩格斯还说“我们一接触到费尔巴哈的宗教哲学和伦理学，他的真正的唯心主义就显露出来了”呢？这是因为：“费尔巴哈决不希望废除宗教，他希望使宗教完善化。哲学本身应当融化在宗教中”。[①]也就是说，他企图通过建立一种所谓没有上帝的、以人与人的自然情感为纽带的“爱的宗教”，来解决封建专制主义对人的压迫。

那么，为什么费尔巴哈认为“爱的宗教”是可能的呢？这就涉及他对宗教本质认识的唯心主义立场，它有两个基本观点：其一是，心是宗教的本质，宗教是人与人之间的感情关系，这种感情是人的心灵生来就有的；其二是，宗教变迁的历史决定人类历史的变迁，或者说，人类的历史就是宗教的变迁史。对此，恩格斯作了如下批判：

### 1. 把宗教归结为人的情感关系是错误的

恩格斯认为，费尔巴哈把宗教完全归结为人的情感关系，是完全错误的。首先，恩格斯对费尔巴哈的这一观点的唯心主义性质进行了历史的批判，认为这不符合历史。恩格斯指出：“人与人之间的、特别是两性之间的感情关系，是自从有人类以来就存在的”[②]，但是，宗教却是人类社会发展到一定历史阶段的产物。恩格斯用两个历史事实来反驳了费尔巴哈的观点。一

①《马克思恩格斯选集》第 4 卷，人民出版社 2012 年版，第 239—240 页。
②《马克思恩格斯选集》第 4 卷，人民出版社 2012 年版，第 240 页。

个是从 11 世纪骑士文学产生到 19 世纪的 800 年之间，性爱文学作品中获得了很高的地位，甚至成为一切诗歌环绕着旋转的轴心了，而宗教的社会地位却在下降，压抑人性的宗教将会消失，但是爱情和友谊并不会发生变化。另一个是在 18 世纪法国大革命时期，基督教受到沉重打击，连拿破仑夺取政权后力图去恢复，也遇到了很大抵抗和困难，但是就在这时，人们也没有感觉到需要用一种新的宗教去代替它。由此可见，费尔巴哈把人与人的情感与宗教混为一谈，是缺乏历史根据的。

其次，恩格斯对费尔巴哈的这一观点的唯心主义性质作了理论的批判。费尔巴哈为什么会把人与人的情感关系完全等同于宗教呢？那是因为他没有认识到人与人情感关系的社会基础，他割裂了宗教和情感与社会物质关系的联系，这必然导致将宗教与人的情感合一。他一方面把人与人的情感关系看成是人类与生俱来的自然本性，赋予其以“宗教”的地位，而没有看到“宗教情感”本身是社会的产物；另一方面，他就可以顺理成章地用“爱的宗教”来取得“上帝的宗教”了。正如恩格斯所指出的：“在这里，费尔巴哈的唯心主义就在于：他不是抛开对某种在他看来也已成为过去的特殊宗教的回忆，直截了当地按照本来面貌看待人们彼此间以相互倾慕为基础的关系，……在他看来，主要的并不是存在着这种纯粹人的关系，而是要把这些关系看作新的、真正的宗教。这些关系只是在盖上了宗教的印记以后才被认为是完满的。”①

①《马克思恩格斯选集》第 4 卷，人民出版社 2012 年版，第 240 页。

### 2. 把人类历史归结为宗教变迁史是错误的

恩格斯认为，费尔巴哈把宗教变迁的历史作为划分人类历史发展时期的标准，也是完全错误的，这可以从世界三大宗教产生前、日耳曼的宗教变迁史以及三大宗教形成后三个历史时期的事实得以证明。

其一，恩格斯指出，并不是所有历史的转变，都一定伴随着宗教的变迁，它更不是由宗教变迁决定的。基督教、佛教和伊斯兰教这三大世界性的宗教，在人类历史上起过较大的作用，但这种作用也只是影响作用，而不是决定作用。至于其他宗教，对历史发展并没有多大影响，比如原始社会里的部落宗教和民族宗教，只在本部落和本民族范围内传布，一旦部落或民族的独立遭到破坏，它们也就随之失掉影响力。

其二，恩格斯指出，日耳曼民族的宗教变迁与历史发展的关系同样说明了这一点。日耳曼人在入侵罗马帝国之前，还是把自然力作为神来崇拜的，皇帝则是神的化身。在征服罗马帝国后，日耳曼人改信了罗马帝国的安利教。而由于安利教反对基督教会占有大量田产和财富，而日耳曼人的统治者自己成了大地主，此后才改信了基督教。这一事例也说明，宗教是随着社会历史条件的变化而变化的。

其三，在世界三大宗教形成后，一般的历史运动才带有宗教的色彩，并且宗教对历史变迁产生了一定的影响。但是即使如此，宗教所产生的影响，也是由当时的社会经济政治状况所决定的，而不是像费尔巴哈所想象的那样，是由人的心灵和人的宗教需要所决定的。例如，中世纪出现的反对专制主义的斗争，不得不打着宗教和神学的旗号，使革命运动披上宗教的外衣，但是到了 18 世纪，当资产阶级已经强大到足以建立起同他们自己的阶级地位相适应的意识形态时，他们在资产阶级革命中，就抛弃了宗教的外衣，而直接诉诸法律和政治的观念，如法国大革命就是如此。

由此，恩格斯得出两个基本结论：一是人们交往中的纯粹感情关系，已经在以阶级对立和阶级统治为基础的社会中被破坏得差不多了，我们没有理由把这种感情尊崇为宗教；二是不是宗教的变迁决定历史的发展，相反，是历史的发展决定宗教的变迁。

## 二、费尔巴哈伦理观批判：与黑格尔比起来是惊人的贫乏（第三部分第 8—18 自然段）

在批判了费尔巴哈的宗教观后，恩格斯指出，费尔巴哈唯一研究过的宗教，是基督教，他把基督教归结为人的情感的化身，强调不能离开现实的感性来解释思想和人类历史，反对讲抽象的思维或上帝，这是他的积极的方面；但是，他“一谈到人们之间纯粹的性关系以外的某种关系，就变成完全抽象的了”。[①] 恩格斯从费尔巴哈伦理观的出发点和道德基础两个方

① 《马克思恩格斯选集》第 4 卷，人民出版社 2012 年版，第 242 页。

面，对费尔巴哈伦理观的唯心主义进行了批判。

**1. 费尔巴哈伦理观的出发点是抽象的人和“善”，因而是贫乏的、肤浅的**

恩格斯指出，由于费尔巴哈的伦理观是从抽象的人和“善”出发的，因而同黑格尔的客观唯心主义比较起来，他反而显示出“惊人的贫乏”。恩格斯从道德的形式内容的关系和善恶关系两个方面，对此进行比较。

其一，从道德形式和内容的关系看，黑格尔的伦理观在形式上是抽象的，在内容上却是现实的，而费尔巴哈伦理观的形式是现实的，但内容却是抽象的。

恩格斯指出，黑格尔的伦理学，就是法哲学，这样，尽管它的出发点是抽象的“绝对观念”，但是它的内容，从抽象的法上升到道德，再上升到伦理，而伦理又包括家庭、市民社会和国家，它把法、经济、政治的全部领域连同道德都包括进去了，因而是现实的。但是，“在费尔巴哈那里情况恰恰相反。就形式讲，他是实在论的，他把人作为出发点；但是，关于这个人生活的世界却根本没有讲到，因而这个人始终是在宗教哲学中出现的那种抽象的人。这个人……也不是生活在现实的、历史地发生和历史地确定了的世界里面”。[①] 由于他所讲的人并不是一定时代、社会和阶级的具体的人，而是不分时代、不分社会、不分阶级的抽象的人，因而他的伦理学的内容是十分抽象的，

① 《马克思恩格斯选集》第4卷，人民出版社2012年版，第243页。

而不是现实的。恩格斯甚至用讽刺的口吻揶揄费尔巴哈的贫乏，指出他在宗教哲学里还有男人和女人的区别，但是在伦理学里，连这最后一点差别也消失了。他尽管也会谈到“皇宫中的人所想的，和茅屋中的人所想的是不同的”命题，但完全不知道用这些命题去干什么，在政治学和社会学领域，他基本是空白。

其二，从善和恶的关系看，黑格尔研究了善和恶的辩证性质，而费尔巴哈则把善和恶对立起来，把善绝对化。

恩格斯引用了黑格尔《法哲学原理》中的一个著名命题，即“有人以为，当他说人本性是善的这句话时，是说出了一种很伟大的思想，但是他忘记了，当人们说人本性是恶的这句话时，是说出了一种更伟大得多的思想”。他肯定了这一命题所包含的辩证法的合理思想，即“恶是历史发展的动力的表现形式”。[①] 恩格斯对此作了“双重意思”的阐发：一则，历史的进步常常是通过新生的革命力量推翻旧秩序来实现的，而对于维护旧秩序的卫道士来说，这种新生的革命力量对现存秩序的“亵渎”和“叛逆”，无疑就是一种“恶”；二则，在私有制和阶级对立的社会里，人们恶劣的情欲，如贪欲和权势欲，也可以成为历史发展的杠杆。但是，在费尔巴哈那里，根本没有研究道德的恶所起的历史作用，因而是非常肤浅的。

对于恩格斯对黑格尔关于善恶关系思想的评价，我们须把握两个方面的辩证关系：一方面，恩格斯通过对黑格尔命题肯

① 《马克思恩格斯选集》第 4 卷，人民出版社 2012 年版，第 244 页。

定性的阐发，实质上指出了在对具体历史和事件进行评价时，要把历史评价和道德评价统一起来。在历史领域，应该看到历史发展阶段性中的否定力量的作用；在经济领域，应该看到利益的驱动作用。这就是说，道德评价本身是具有历史性和相对性的，而不能把道德评价绝对化。通俗地说，在某一历史时期或某一阶级看来是不道德的，在另一历史时期或另一阶级看来，可能是道德的。

另一方面，恩格斯对黑格尔命题的肯定，也有所限制，我们不能把它无限放大。例如，恩格斯谈到恶的历史作用，只是历史发展动力的“表现形式”而已，而非历史动力“本身”，因为把“恶”看成是历史发展的动力，同把“善”看成是历史发展的动力一样，都是把精神看成是历史发展的动力，同样是唯心主义的，而在马克思主义那里，只有社会基本矛盾才是历史发展的真正动力。又如，恩格斯所说贪欲和权势欲的历史作用，只是历史发展的“杠杆”而已，而非历史发展的“动力”，如果把贪欲和权势欲当作历史发展的“动力”，同样是唯心主义的。

### 2. 费尔巴哈的道德基础和道德准则是超历史的和超阶级的

那么，为什么作为唯物主义者的费尔巴哈，他的善恶观同黑格尔相比较，却是“惊人的贫乏”的呢？这就涉及他的伦理观中的核心观点，即关于道德基础和道德准则的观点，依然是唯心主义的，而且是缺乏辩证法的。费尔巴哈认为：“追求幸福的欲望是人生来就有的，因而应当是一切道德的基础。”但是，由于追求幸福的欲望会受到自然后果和社会后果的双重矫正，因而我们在满足自己的欲望时，一方面要正确估量我们的行为后果，另一方面还要承认他人追求同样欲望的平等权利，由此，费尔巴哈提出了他的“道德准则”，也就是“对己以合理的自我节制，对人以爱”。[①] 恩格斯对此进行了分析批判。

首先，费尔巴哈的“道德基础”是超历史的。因为尽管每个人都有追求幸福的欲望，但是它需要和外部世界发生关系，需要有满足这些欲望的手段，如食物、异性、书籍、娱乐、辩论、活动、消费和加工的对象等，如果没有这些东西，那就不可能把追求幸福的欲望变成现实，那就是毫无意义的空话。正如恩格斯所说：“费尔巴哈的道德或者是以每一个人无疑地都有这些满足欲望的手段和对象为前提，或者只向每一个人提供无法应用的忠告，因而对于没有这些手段的人是一文不值的。”[②] 因此，一切道德都是具体的、历史的，它是随着社会历史的发展而不断在变化着的，那种适用于一切时代的永恒不变的道德基础，是根本不存在的。

其次，费尔巴哈的“道德准则”是超阶级的。因为在阶级社会中，追求幸福的权利不可能是“平等”的，如在奴隶和奴隶主之间、农奴和封建领主之间，根本谈不上什么“追求幸福

① 《马克思恩格斯选集》第 4 卷，人民出版社 2012 年版，第 244 页。
② 《马克思恩格斯选集》第 4 卷，人民出版社 2012 年版，第 245 页。

的平等权利”。即使资产阶级在反对封建制度的斗争中和在发展资本主义生产的过程中，废除了一切等级特权，在法律上实施了个人的平等权利，但是，真正要实现幸福的欲望，除了极小部分可以靠观念上的权利来满足，绝大部分还得要靠物质手段，然而，由于资本主义在私有制上的不平等，因而实现幸福欲望的物质手段、精神生活和受教育手段，也是不平等的。“所以资本主义对多数人追求幸福的平等权利所给予的尊重，即使有，也未必比奴隶制或农奴制所给予的多一些。”[①] 恩格斯以对证券交易所投机活动的剖析为例，进一步说明了在资本主义社会中，追求幸福权利在表面上是平等的，而实质上却是不平等的。因此“实际上，每一个阶级，甚至每一个行业，都各有各的道德”。[②] 在阶级社会里根本不存在所谓“人人都有追求幸福的平等权利”。

再次，费尔巴哈宣扬的“爱”是虚伪的。费尔巴哈设计出来的可以适合“一切时代、一切民族、一切情况”的“不分性别、不分等级地互相拥抱”的“彼此相爱”，实际上“在任何时候和任何地方都是不适用的”，更不用说“在一个分裂为利益直接对立的阶级的社会里”了。因此，把“爱”鼓吹成“随时随地都是一个创造奇迹的神，可以帮助克服实际生活中的一切困难”，费尔巴哈“哲学中的最后一点革命性也消失了”，他的让

① 《马克思恩格斯选集》第 4 卷，人民出版社 2012 年版，第 245—246 页。
② 《马克思恩格斯选集》第 4 卷，人民出版社 2012 年版，第 247 页。

“大家都陶醉在和解中了”[①]的虚伪性也就暴露无遗了。

## 三、费尔巴哈没能找到从抽象王国通向现实世界的道路（第三部分第 19—20 自然段）

通过对费尔巴哈宗教观和伦理观的批判，恩格斯对费尔巴哈哲学的基本评价是：尽管他的唯物主义“基本内核”为他的哲学提供了“强大推动力”，也就是他在唯心主义长期统治下批判了宗教和唯心主义，宣布了唯物主义重新登上欧洲思想史的舞台；但是在历史观上同前人相比，他却“毫无结果”，因为他“不能找到从他自己所极端憎恶的抽象王国通向活生生的现实世界的道路”。[②]也就是他并没有把自己的唯物主义贯彻到社会历史领域，用唯物主义观点去说明宗教、道德等社会现象，简言之，他的历史观还停留在唯心主义上。恩格斯接着简要地分析了费尔巴哈没有超越唯心史观的两个根源：

其一是思想根源，即费尔巴哈不了解感性的实践活动的意义。费尔巴哈的唯物主义是直观的，脱离实践的唯物主义。他反对崇尚上帝或抽象的理性，而主张面对现实的世界，“紧紧地抓住自然界和人；但是，在他那里，自然界和人都只是空话。无论关于现实的自然界或关于现实的人，他都不能对我们说出

① 《马克思恩格斯选集》第 4 卷，人民出版社 2012 年版，第 246—247 页。
② 《马克思恩格斯选集》第 4 卷，人民出版社 2012 年版，第 247 页。

任何确定的东西。”[①]因为他不了解人类的社会实践对自然界乃至人自身的深刻意义，他既不懂得我们周围的感性世界是人类世世代代历史活动的产物，更没有把人作为在历史中行动着的人去考察，因此，他讲的自然界和人，都是抽象的。正如马克思早在 1845 年写的《关于费尔巴哈的提纲》中就指出的：“费尔巴哈不满意抽象的思维而喜欢直观；但是他把感性不是看做实践的、人的感性活动。”[②]这样，他就不屑于用物质来解释人类历史，便只能用所谓源于自然的抽象的“爱”来解释历史了。

其二是社会根源，即费尔巴哈的社会境遇限制了他的眼界。费尔巴哈 1830 年就写了《论死与不死》，其中揭露了基督教的骗局，加上此后的反宗教倾向，而为当时的德国政府所不容，1836 年他被驱逐出大学，只能隐居乡间，退入孤寂的生活，“意味着和现实世界最后分离”，而脱离了当时德国社会变革的实践，以至于不理解 1848 年的德国革命。这样，他就无法认识到社会实践对人的精神乃至情感以及人类历史发展的决定作用。

恩格斯在批判费尔巴哈唯心史观及其根源后，坚定地表示：“费尔巴哈没有走的一步，必定会有人走的。对抽象的人的崇拜，即费尔巴哈的新宗教的核心，必定会由关于现实的人及其历史发展的科学来代替。这个超出费尔巴哈而进一步发展费尔巴哈观点的工作，是由马克思于 1845 年在《神圣家族》中开始的。”[③]

---

① 《马克思恩格斯选集》第 4 卷，人民出版社 2012 年版，第 247 页。
② 《马克思恩格斯选集》第 1 卷，人民出版社 2012 年版，第 135 页。
③ 《马克思恩格斯选集》第 4 卷，人民出版社 2012 年版，第 247 页。

# 第六章　马克思主义世界观诞生的思想史条件和主要内容

在剖析黑格尔哲学和费尔巴哈哲学的基础上，《费尔巴哈论》的第四部分以及简短结语，系统地概述了马克思新唯物主义世界观形成的思想史条件及其主要内容、特别是历史唯物主义的基本原理，并阐明了这一世界观创立的伟大意义。这是全书的核心部分。这一部分共 26 个自然段，结语共 2 个自然段。第四部分和结语主要讲了五个问题：一是马克思主义哲学世界观在方法和内容上实现的伟大变革；二是唯物辩证的自然观；三是唯物辩证的历史观的创立；四是唯物辩证历史观的基本原理，五是马克思主义哲学世界观在对象和功能上实现的伟大变革。

## 一、马克思把唯物主义世界观彻底运用到所研究的一切领域（第四部分第 1—5 自然段）

第四部分一开始，恩格斯依据历史和逻辑相统一的方法论原则，从黑格尔学派的解体说起，阐明费尔巴哈没有做到的事情，以及揭示马克思是如何做到“超出费尔巴哈而进一步发展费尔巴哈观点”，既克服了费尔巴哈的局限性，又克服了黑格尔的局限性，从而实现了哲学史上的伟大变革的。

恩格斯首先在这里再一次概述了黑格尔学派解体后青年黑格尔派特别是尔巴哈费的局限性。他认为，在黑格尔学派解体过程中，施特劳斯、鲍威尔、施蒂纳、费尔巴哈等人，都只是抓住黑格尔体系的某一方面来反对黑格尔的整个体系，没能够全面地评价黑格尔体系，从而也只能“是黑格尔哲学的分支”，在这一过程中，施特劳斯、鲍威尔、施蒂纳等人，只是在基督教史的研究上有所成就，或者阐述的思想被称为“无政府主义”，而没有真正超越黑格尔哲学，只有费尔巴哈才“是个杰出的哲学家”。但是，恩格斯指出，费尔巴哈依然有三个缺陷：

其一，从哲学的对象看，费尔巴哈同黑格尔一样，依然把构建一个“凌驾于一切专门科学之上并把它们包罗在内的科学的科学”，从而用以解释世界一切的“绝对真理”体系，看成是“不可侵犯的圣物”。这样，他就不能做到“从批判旧世界中发现新世界”，而只能从“自然界所决定的绝对人性——普遍的爱”出发，来构建世界体系。

其二，他的唯物主义停留在半路上，下半截是唯物主义者，即讲人类及其历史的源头在什么地方，他认为是自然界，但上半截是唯心主义者，即讲人类社会发展的动力在什么地方，他认为是人类普遍的“爱”的情感。

其三，他为什么只能是“半截子唯物主义者”呢？因为他“没有批判地克服黑格尔，而是简单地把黑格尔当做无用的东西抛在一边”，即把黑格尔的辩证法也抛弃了，而抛弃了辩证法，就无法解释历史的能动性和客观性的关系，从而在排除自然界决定历史的同时，找不到人们之间的物质关系对历史的决定作用，而只能把历史的动力归结到“精神”或“情感”了。

由此，恩格斯评价道：“与黑格尔体系的百科全书式的丰富内容相比，他本人除了矫揉造作的爱的宗教和贫乏无力的道德以外，拿不出什么积极的东西。”因而费尔巴哈也就同样没有能够超越黑格尔，并且克服18世纪唯物主义的局限性。在这一思想史背景中，马克思主义世界观诞生了。正如恩格斯所说：“从黑格尔学派的解体过程中还产生了另一个派别，唯一的真正结出果实的派别。这个派别主要是同马克思的名字联系在一起的。”[①]理解恩格斯的这一判断，我们应该注意两点：

一是马克思主义世界观的创立，不是偶然的，而是有着深厚的客观条件，这些条件既包括思想条件，也就是我们通常所说的他对人类文明的继承和发展，也包括社会历史条件，如资本主义的发展及其危机的到来、欧洲工人阶级运动的实践和发展的需要，等等。在《费尔巴哈论》中，这两方面的条件，恩格斯在各部分都有直接或间接的涉及，但在这里，由于阐述的逻辑关系，恩格斯对马克思主义世界观创立条件的概述，只是基于思想史来说的。

二是恩格斯对黑格尔学派解体过程中产生的新的“真正结

① 《马克思恩格斯选集》第4卷，人民出版社2012年版，第248页。

出果实的学派”，为什么要同马克思的名字相联系，进行如下说明：“我和马克思共同工作 40 年，在这以前和这个时期，我在一定程度上独立地参加了这一理论的创立，特别是对这一理论的阐发。但是，绝大部分基本指导思想（特别是在经济和历史领域内），尤其是对这些指导思想的最后的明确的表述，都是属于马克思的。我所提供的，马克思没有我也能够做到，至多有几个专门的领域除外。至于马克思所做到的，我却做不到。马克思比我们大家都站得高些，看得远些，观察得多些和快些。马克思是天才，我们至多是能手。没有马克思，我们的理论远不会是现在这个样子。所以，这个理论用他的名字命名是理所当然的。”[①] 恩格斯在其他地方还对他与马克思的思想关系打过这样的比喻：交响乐队中的第二小提琴手和第一小提琴手。在理论界，有人刻意夸大恩格斯同马克思的区别，甚至把他们对立起来，这是完全不符合事实的，也是值得我们警惕的。

那么，马克思是怎样创立新的世界观的呢？恩格斯指出，马克思也是同黑格尔的客观唯心主义分离而返回唯物主义道路上的。但是，同费尔巴哈不同，马克思没有停留在“下半截”即自然观的唯物主义上，而是在“上半截”即历史观上继续贯彻唯物主义，即“第一次对唯物主义世界观采取了真正严肃的态度，把这个世界观彻底地（至少在主要方面）运用到所研究的一切知识领域里去了”。也就是马克思不仅对自然界，而且对

① 《马克思恩格斯选集》第 4 卷，人民出版社 2012 年版，第 248 页。

人类历史，也“从事实本身的联系而不是从幻想的联系来把握事实”。[①] 这就形成了“彻底的唯物主义”，而超越了费尔巴哈的“半截子唯物主义”。

那么，把唯物主义贯彻到历史领域的思想条件是什么呢？恩格斯不是赞同过费尔巴哈关于“自然界的物质是人类历史和知识的基础，但不是人类历史和知识本身”的观点吗？恩格斯自己也强调过对哲学基本问题的第一方面内容的准确把握的重要性，即不能把物质和精神“谁第一性”的标准，夸大到“世界是物质的还是精神的”，也就预设了历史是不能简单被自然物质所决定的观点。既然如此，马克思是如何跨过费尔巴哈没有能够跨过的这个“坎”的呢？

这不能不回到费尔巴哈的又一个缺陷，就是抛弃了黑格尔的辩证法。他不能辩证地看待人类历史，既然物质不能解释历史，就只能靠精神来解释了。而在马克思恩格斯那里，“黑格尔不是简单地被放在一边，恰恰相反，上面所阐述的他的革命方面即辩证方法被接过来了”。[②] 当然，这一“接过来”，不是简单地照搬，而是作了批判的改造，即把黑格尔建立在唯心主义基础上的辩证法，改造成为唯物的辩证法。

恩格斯指出了黑格尔辩证法的唯心主义实质：“在黑格尔那里，辩证法是概念的自我发展。绝对概念不仅是从来就存在的（不知在哪里？），而且是整个现存世界的真正的活的灵魂。”这

① 《马克思恩格斯选集》第4卷，人民出版社2012年版，第249页。

② 《马克思恩格斯选集》第4卷，人民出版社2012年版，第249页。

一"绝对概念"，由于本身的内在矛盾而在"逻辑学"中获得自身发展；然后它"外化"为自然界，在"自然哲学"中获得必然性的发展；最后产生了人，并且在人身上重新达到自我意识，使绝对概念在"精神哲学"中回归到自身。"因此，在自然界和历史中所显露出来的辩证的发展，即经过一切迂回曲折和暂时退步而由低级到高级的前进运动的因果联系，在黑格尔那里，只是概念的自己运动的翻版，而这种概念的自己运动是从来就有的（不知在什么地方），但无论如何是不依任何能思维的人脑为转移的。"[1] 这就是一种"意识形态的颠倒"，也就是黑格尔的辩证法是"头足倒置"的，即在没有人的时候，就有概念的辩证法在运动，而自然界和社会历史的辩证运动，则是概念辩证法所派生的。

马克思恩格斯改造黑格尔辩证法的实质，就是把本末倒置的辩证法再颠倒过来，也就是"重新唯物地把我们头脑中的概念看做现实事物的反映，而不是把现实事物看做绝对概念的某一阶段的反映"。[2] 这就是把黑格尔头足颠倒了的思维和存在的关系，重新颠倒回来，使辩证法能双脚落地，而这种改造，绝不只是哲学术语上的变化，而是体现了世界观的根本转变。

这样一来，在马克思恩格斯那里，"辩证法就归结为关于外部世界和人类思维的运动的一般规律的科学"。[3] 这可以看成是

---

① 《马克思恩格斯选集》第 4 卷，人民出版社 2012 年版，第 249 页。
② 《马克思恩格斯选集》第 4 卷，人民出版社 2012 年版，第 249 页。
③ 《马克思恩格斯选集》第 4 卷，人民出版社 2012 年版，第 249—250 页。

恩格斯给辩证法所下的一个经典定义，同时也说明马克思主义的辩证法和黑格尔辩证法的本质区别。恩格斯进一步指出，这里有两个系列的规律，一个是外部世界的客观规律，人们一般把它称为客观辩证法，另一个是人类思维运动的规律，人们通常把它称为主观辩证法。

恩格斯接着指出："这两个系列的规律在本质上是同一的，但是在表现上是不同的。"[1]所谓"本质上是同一的"，是说主观辩证法作为对客观辩证法的反映，在内容上是一致的；所谓"表现上是不同的"，是说外部世界（包括自然界和人类历史）的辩证规律是不自觉地、在偶然性中实现的，而主观辩证法是说人们的思维可以自觉地应用这些规律，是客观辩证法的自觉反映。"这样，概念的辩证法本身就变成只是现实世界的辩证运动的自觉的反映，从而黑格尔的辩证法就被倒转过来了。""而这样一来，黑格尔哲学的革命方面就恢复了，同时也摆脱了那些曾经在黑格尔那里阻碍它贯彻到底的唯心主义装饰。"这一被改造过了的辩证法，被恩格斯称为"唯物辩证法"，它成为马克思恩格斯考察人类历史秘密和指导工人运动的"最好的工具和最锐利的武器"。[2]

恩格斯强调，唯物辩证法表达了"一个伟大的基本思想，即认为世界不是既成事物的集合体，而是过程的集合体，其中各个似乎稳定的事物同它们在我们头脑中的思想映象即概念一

---

① 《马克思恩格斯选集》第 4 卷，人民出版社 2012 年版，第 250 页。
② 《马克思恩格斯选集》第 4 卷，人民出版社 2012 年版，第 250 页。

样都处在生成和灭亡的不断变化中，在这种变化中，尽管有种种表面的偶然性，尽管有种种暂时的倒退，前进的发展终究会实现”。[①]这就是说，世界上任何事物都是作为过程而向前发展的，整个世界就是相互联系的过程的系统。

恩格斯进一步指出，我们不能只是在口头上承认这个思想，而应该把这个思想运用于每一个研究领域，包括人类历史领域。这样，才能辩证地看待历史发展中社会存在和社会意识的关系；同时，在认识论上要克服形而上学的“最终解决和永恒真理”的观念，意识到人们所获得的一切知识必然具有的局限性和时代条件的制约性，意识到真理和谬误、善和恶、同一和差别、必然和偶然之间对立的相对性，即它们在一定条件下转化的可能性。

在学习马克思把唯物主义“世界观彻底地运用到所研究的一切知识领域”这一部分内容时，我们还须澄清一个长期存在的误区，即把马克思世界观的创立过程，看成是他先研究了自然，创立了解释整个世界的辩证唯物主义体系，在把这一体系运用到对人类社会的解释上，从而创立了历史唯物主义。这无论在马克思思想发展的历史逻辑上，还是在马克思主义世界观创立的理论逻辑上，都是不符合事实的。应该明确，马克思是在把黑格尔的辩证法改造为“唯物辩证法”（恩格斯用语），从而使唯物主义能贯彻到历史领域，即能唯物辩证地解释人类历史，从而使唯物主义具有了彻底性。马克思也不是从研究整个

① 《马克思恩格斯选集》第 4 卷，人民出版社 2012 年版，第 250 页。

世界（或者说自然、社会和思维）开始的，而是“从批判旧世界中发现新世界”的，即通过运用唯物辩证法的武器，来批判资本主义旧世界，从而发现了人类历史的普遍规律和资本主义运动的特殊规律。这一“批判的武器”，用马克思恩格斯在《德意志意识形态》中的用语，是“实践的唯物主义”。

## 二、自然科学三大发现使对自然过程相互联系的认识大踏步前进了（第四部分第6—8自然段）

在《费尔巴哈论》的第二部分，恩格斯有一个重要论断：“随着自然科学领域中每一个划时代的发现，唯物主义也必然要改变自己的形式。”推动哲学发展的，不仅有思想史本身发展的逻辑，还需要具备一定的社会历史条件，其中包括自然科学和生产实践的发展。唯物辩证法和唯物主义历史观的创立也是如此。为了进一步说明马克思的唯物辩证法思想创立的必然性，恩格斯详细论述了19世纪自然科学的发展，如何成为唯物辩证自然观形成乃至唯物辩证法创立的自然科学基础的。恩格斯从自然科学的方法、自然科学的内容以及它们在思想发展史上的意义三个方面对此进行论证。

### 1. 自然科学在方法上的变革，为唯物辩证自然观的形成奠定了方法论基础

在唯物辩证法创立之前，特别是在18世纪，形而上学的研

究方法和思维方法占统治地位，它主要是把事物当做一成不变的东西去研究，到 19 世纪上半叶，它的残余还牢牢地盘踞在人们的头脑中。但是，恩格斯指出：“这种方法在当时是有重大的历史根据的。”[①]因为根据人们认识发展的逻辑，总是先研究事物呈现在我们面前的样态，再研究事物来龙去脉的过程，先认识“是什么”，再研究“为什么”和“怎么样”。自然科学中的情形也正是这样：直到 18 世纪末，自然科学还主要是搜集材料的科学，即对各个领域的既成事物进行分门别类的研究的科学，如把非生物和生物绝对割裂开来，而没有顾及事物之间，包括非生物和生物之间的联系。于是，认为事物是既成的东西的旧形而上学的研究方法，就凝聚为当时人们普遍运用的思维方法。正如恩格斯在《反杜林论》中所说：“把自然界分解为各个部分，把各种自然过程和自然对象分成一定的门类，对有机体的内部按其多种多样的解剖形态进行研究，这是最近 400 年来在认识自然界方面获得巨大进展的基本条件。但是，这种做法也给我们留下了一种习惯：把各种自然物和自然过程孤立起来，撇开宏大的总的联系去进行考察，因此，就不是从运动的状态，而是从静止的状态去考察。不是把它们看做本质上变化的东西，而是看做固定不变的东西；不是从活的状态，而是从死的状态去考察。这种考察方式被培根和洛克从自然科学中移植到哲学中以后，就造成了最近几个世纪所特有的局限性，即形而上学

①《马克思恩格斯选集》第 4 卷，人民出版社 2012 年版，第 251 页。

的思维方式。”①

而 18 世纪下半叶以来，欧洲主要资本主义国家的产业革命，需要有新的技术运用，而这就推动了自然科学的研究，使其由知道事物“是什么”深化到“为什么”，也就是要研究事物之间的联系和事物发展的过程。这促使 19 世纪自然科学的方法，由收集材料进行分门别类的分析研究，发展到整理材料的整合研究阶段，如研究植物机体和动物机体中的过程，研究单个机体从胚胎到成熟的发育过程，研究地壳逐渐形成过程，等等。于是，“当这种研究已经进展到可以向前迈出决定性的一步，即可以过渡到系统地研究这些事物在自然界本身中所发生的变化的时候，在哲学领域内也就响起了旧形而上学的丧钟”。②

### 2. 自然科学在内容上的成果，为揭示自然界的辩证联系和发展的图景提供了根据

到 19 世纪中叶，欧洲自然科学有了三大发现，即细胞学说、能量转化定律和达尔文进化论。它们不仅推动了人类认识的发展，而且为唯物辩证自然观的形成，提供了自然科学的根据。

细胞学说的发现表明，整个植物体和动物体都是从它的繁殖和分化中发育起来的，这不仅使我们知道一切高等有机体都是按照一个共同规律发育和生长的，而且使我们通过细胞的变异能力，看出有机体能改变自己的物种，使个体有可能朝更高

① 《马克思恩格斯选集》第 3 卷，人民出版社 2012 年版，第 395—396 页。
② 《马克思恩格斯选集》第 4 卷，人民出版社 2012 年版，第 251 页。

阶段进行发育。这打破了植物和动物之间存在绝对界限的形而上学观念。能量转化定律的发现表明，在无机界中起作用的所谓机械力，以及位能、热、辐射（光或辐射热）、电、磁、化学能等，都是运动的各种表现形式，它们按照一定的度量关系由一种“能”的形式转变为另一种“能”的形式，一种“能”的量消失时，就有转化为另一种“能”的量。因此，自然界中的一切运动都可以归结为一种形式向另一种形式不断转化的过程。这就打破了自然界各种运动形式存在绝对界限的形而上学观念。达尔文进化论的发现表明，一切动植物有机体乃至人，都是由原始单细胞胚胎长期发育和变异而来。它不仅打破了物种永恒不变的形而上学观念，而且证明了自然界各种物种的相互联系、相互制约和相互转化，以及由低级向高级的发展过程。

这样，自然科学的“三大发现使我们对自然过程的相互联系的认识大踏步地前进了”。具体来讲，也就是“我们现在不仅能够说明自然界中各个领域内的过程之间的联系，而且总的说来也能说明各个领域之间的联系了，这样，我们就能够依靠经验自然科学本身所提供的事实，以近乎系统的形式描绘出一幅自然界联系的清晰图画”。[①]

### 3. 19世纪中叶自然科学方法和成果在人类思维发展史上的地位

恩格斯指出，19世纪自然科学“整理材料”的方法和三大

① 《马克思恩格斯选集》第4卷，人民出版社2012年版，第251—252页。

发现，不仅打破了形而上学的思维方式，超越了古代“自然哲学”的思维方式。因为在人类思维发展史上，也有对自然界是一个相互联系整体的“总的图画”的描绘，这就是欧洲古代的“自然哲学”。但是，由于生产力和科学技术发展水平的低下，古代自然哲学对自然界整体性的描绘，只能是猜测，是“用观念的、幻想的联系来代替尚未知道的现实的联系，用想象来补充缺少的事实，用纯粹的臆想来填补现实的空白”。[①] 因而尽管它也提出过一些天才的思想，包括预测到一些后来的发现，但是也发表了十分荒唐的见解。而今天，人们的思维方式转向整体性思维，这种思维不是简单地回归到古代自然哲学，而是建立在自然科学的新的方法和新的成果的基础之上的，因而有着科学的根据。

人类思维的这一发展过程，可以看成是“否定之否定”的过程，也就是：近代的形而上学思维，是建立在对自然界进行分门别类的分析性研究的基础上的，它比古代的猜想要科学得多；而马克思主义的唯物辩证思维，是建立在对自然界进行整体性的综合性研究的基础上的，它“扬弃”了古代自然哲学的猜测性，又“扬弃”了近代唯物主义的形而上学性。因此，恩格斯说，任何使古代自然哲学复活的企图不仅是多余的，而且是倒退。

在学习恩格斯的上述论述时，我们特别要认识到，这是恩格斯晚年对马克思主义的重要丰富和发展。马克思在创立马克思主义世界观时，主要是通过对欧洲资本主义现实以及欧洲思

①《马克思恩格斯选集》第 4 卷，人民出版社 2012 年版，第 252 页。

想文化的批判，来奠定新世界观基础的。为指导欧洲工人运动的需要，在马克思主义基本理论问世后，他的精力主要集中在对资本主义特殊运动规律的揭示上，在这一过程中，他为了论证剩余价值的运动规律，对数学进行大量研究和运用，但没有直接和深入研究当时的诸多自然科学的新成果。而恩格斯在 19 世纪 70 年代，对自然科学以及 19 世纪中叶的新成果，作了系统研究，这主要体现于他在从 1873—1882 年长达 10 年的时间里写的《自然辩证法》中，而其中的大量材料和研究成果，被他用于 1876—1878 年写的《反杜林论》中，后者有力地批判了杜林的所谓“世界模式论”。其中的一些研究成果，又被用于 1886 年的《费尔巴哈论》中。

恩格斯晚年对马克思主义世界观的创立和发展的论证，补上了自然科学的发展的重要一环，这也是恩格斯对马克思主义做出的贡献。正如恩格斯对自己和马克思关系的评价中所说：“我所提供的，马克思没有我也能够做到，至多有几个专门的领域除外。”[①] 自然科学就是其中之一。

## 三、社会发展同自然界是有区别的但又是有规律的（第三部分第 9—12 自然段）

在把唯物辩证法运用于对自然的解释，并形成唯物辩证的

① 《马克思恩格斯选集》第 4 卷，人民出版社 2012 年版，第 248 页。

自然观的基础上，恩格斯进一步论证了马克思唯物辩证的历史观（简称唯物史观）的创立。在这一论证中，恩格斯唯物辩证地阐述了社会发展规律同自然规律的区别和共同点，以及社会发展规律的客观性和人的主体能动性的关系。

在马克思以前，社会历史领域没有唯物史观，而都是唯心史观的不同表现形式。主观唯心主义把历史的发展归结为少数天才人物的才智和思想动机，客观唯心主义把历史的发展归结为“绝对观念”在“冥冥之中”借少数天才人物的动机来实现自己的目的，而旧唯物主义尽管在自然观上是唯物主义的，但一进入历史领域，就因为无法用物质来解释历史，因而依然把历史的发展归结人们的知情意。正如恩格斯所说，它们“都是以哲学家头脑中臆造的联系来代替应当在事变中去证实的现实的联系，把全部历史及其各个部分都看做观念的逐渐实现”。而唯物主义要彻底地把自己的思想贯彻到一切领域，就要“像在自然领域里一样，应该通过发现现实的联系来清除这种臆造的人为的联系；这一任务，归根到底，就是要发现那些作为支配规律在人类社会的历史上起作用的一般运动规律”。[①] 这就是唯物史观的根本任务。

唯物史观又是辩证的历史观，它要辩证地看待历史和自然的区别，而不能把自然规律简单地套用到历史规律上。恩格斯指出：“社会发展史却有一点是和自然发展史根本不相同的。在

① 《马克思恩格斯选集》第 4 卷，人民出版社 2012 年版，第 253 页。

自然界中（如果我们把人对自然界的反作用撇开不谈）全是没有意识的、盲目的动力，这些动力彼此发生作用，而一般规律就表现在这些动力的相互作用中。……相反，在社会历史领域内进行活动的，是具有意识的、经过思虑或凭激情行动的、追求某种目的的人；任何事情的发生都不是没有自觉的意图，没有预期的目的的。”[①] 简单地说，对自然界中发生作用的力量，是没有“知、情、意”的，而在社会历史的发展中，发生作用的力量是人，而人是有“知、情、意”（即恩格斯所说的“有意识”“凭激情”“追求目的”）的。正是这一本质的差别，直接影响到社会历史的进程，也影响人们对社会历史规律的认识。因此，充分注意这种差别，对于人类社会及其历史发展的研究，是十分重要的。否则，唯物主义就变为“冷冰冰”的唯物主义、甚至是庸俗唯物主义，而没有任何科学性。

把对历史研究的唯物论和辩证法统一起来，就是既要看到社会历史同自然的区别，又要看到两者的共同点，即社会历史的发展也是有规律的，而不能否认社会历史发展的规律性及其客观性，否则就可能陷入主观唯心主义的历史观之中。正如恩格斯所说：“但是，不管这个差别对历史研究，尤其是对各个时代和各个事变的历史研究如何重要，它丝毫不能改变这样一个事实：历史进程是受内在的一般规律支配的。”因为，虽然人们“行动的目的是预期的，但是行动实际产生的结果并不是预期

①《马克思恩格斯选集》第4卷，人民出版社2012年版，第253页。

的”。“在表面上是偶然性在起作用的地方，这种偶然性始终是受内部的隐蔽着的规律支配的。”[①] 恩格斯在这里就目的与结果、偶然性与必然性的关系，对历史发展的客观规律作了阐述。

从目的与结果的关系看，我们承认任何人的历史活动都是有目的的，但是接着必须考察两个问题：其一，为什么在同一历史时期，有的人抱有这样的历史活动的目的和意志；有的人却抱有那样的实质截然相反的历史活动的目的和意志？如抗日战争胜利后，毛泽东的意志，是走联合政府的道路使中国进入和平民主法治的新阶段，而国民党反动派的意志，是继续搞独裁甚至不惜把中国推向内战。如果把历史的发展纯粹归结为人的意志；就无法说明这一历史常见的现象。其二，更重要的是，为什么在历史活动中，有的意志能实现，有的意志却不能实现，或者实现的最后结果不符合预期目的。这说明，意志的实现与否，似乎并不取决于意志的善恶或是否坚定。同样是抗日战争胜利后，国民党反动派在 1947 年发动全面内战后，曾经叫嚣：“在 3—6 个月内消灭共产党的军队”，而随后毛泽东却坚定地发布共产党的决心：“在 3—5 年内解决国民党的武力”。国民党没有实现自己的意志，毛泽东却实现了，而且实现的结果也超出自己的预期，即用 2 年多一点的时间，就基本打垮了国民党的军队。

从偶然性与必然性的关系看，尽管每个人的历史活动都有

① 《马克思恩格斯选集》第 4 卷，人民出版社 2012 年版，第 253—254 页。

自己的自觉预期的目的，因而历史活动表面上是受偶然性的支配的，但是，各种预期的目的在大多数场合都互相干扰，彼此冲突，有的一开始就是空想，根本实现不了，有的则缺乏实现手段。这样，无数的单个愿望和单个行动的冲突，在历史领域内造成了一种自然界相似的状况。这就是隐藏在历史活动内部的，也就是历史发展的必然性，即客观规律。在理解恩格斯的上述论述时，我们今天还须澄清两个以往解读中的“误区”：

其一，把这一论述完全当作马克思的世界观对旧哲学的超越。其实，就上述论述而言，关于历史具有必然性或规律，黑格尔已经作了深刻阐述。黑格尔否认个人的意志是历史发展的决定力量，认为人所处的环境是缺乏能动性的，而具有能动性的人的意志却不是绝对自由的，因而历史是具有必然性的。但是，怎么认识和理解这一规律，马克思主义同黑格尔分道扬镳了。黑格尔认为，支配人和环境相互作用从而决定历史发展的力量，是“绝对观念”，是它决定了历史的必然性即规律。而马克思和恩格斯在继承黑格尔辩证法的基础上，消除了它的客观唯心主义，他们在唯物主义的基础上，对究竟什么是历史必然性或规律，作了新的进一步的论证。正因为如此，恩格斯才在这一自然段最后强调了那么一句话：“问题只是在于发现这些规律。”[①]

其二，由此引出“历史发展是不依人的意志为转移的”的

① 《马克思恩格斯选集》第4卷，人民出版社2012年版，第254页。

结论。这涉及历史规律的客观性与人的主体能动性的关系。马克思恩格斯始终认为，人类社会就是人的社会，人类历史就是人的活动构成的，而坚决反对黑格尔把先于人的所谓“绝对观念”当作历史的主体和目的，把人当作历史的客体和手段（所谓实现“绝对观念”的手段）的观点，而主张人是历史的主体和客体、目的和手段的统一。恩格斯在这一自然段一开始，也明确指出，历史活动与自然界的区别，就在于历史活动是由“知情意”起作用的。没有人的意志，哪儿来历史？因此这一误区，有陷入黑格尔陷阱之嫌。严格地说，唯物史观这一观点的通俗表达应该是：历史的发展，是依靠人的意志发挥作用的，但又不是依任何个人的意志为转移的。

为了清楚地说明这一问题，并且真正解决如何去“发现这些规律”的“问题”，恩格斯接着强调：“无论历史的结局如何，人们总是通过每一个人追求他自己的、自觉预期的目的来创造他们的历史，而这许多按不同方向活动的愿望及其对外部世界的各种各样作用的合力，就是历史”。[①]这就是说，历史就是人的意志及其支配下的行动力量所构成的“合力”所体现的。恩格斯在晚年的通信中，还对这一“合力”作了通俗的比喻：“力的平行四边形”原则。于是，接着所需要研究的是：是什么因素使人们产生了不同的意志或激情，或者说，“直接决定激情或思虑的杠杆”是什么？也就是：“在这些动机背后隐藏着的又是

①《马克思恩格斯选集》第 4 卷，人民出版社 2012 年版，第 254 页。

什么样的动力？在行动者的头脑中以这些动机的形式出现的历史原因又是什么？”[1]这就强调了发现历史规律的路径：研究人们历史活动的思想动机，但又绝不能仅仅停留在思想动机上，更重要的是要研究隐藏在动机背后的动力，以及在人们头脑中以动机形式出现的历史原因。

恩格斯接着揭示了旧唯物主义和黑格尔哲学为什么没有能够真正发现历史规律的方法论根源。对于旧唯物主义来说，它没有给自己提出过“动机的动机是什么”问题，它只是按照行动的动机来判断一切，因此认为在历史领域中起作用的精神的动力是最终原因，而不去研究隐藏在这些动力后面的是什么，这样，它就在历史领域内自己背叛了自己。所以，旧唯物主义“不彻底的地方并不在于承认精神的动力，而在于不从这些动力进一步追溯到它的动因”。而黑格尔的历史哲学的问题在于，尽管它认为历史人物的动机都不是历史事变的最终原因，而要人的动机背后的动力，“但是它不在历史本身中寻找这种动力，反而从外面，从哲学的意识形态把这种动力输入历史”。[2]

于是，在历史之中，而不是历史之外，去寻找人的历史活动的动机的“动因”，就成了唯物史观的根本任务。

① 《马克思恩格斯选集》第 4 卷，人民出版社 2012 年版，第 254—255 页。
② 《马克思恩格斯选集》第 4 卷，人民出版社 2012 年版，第 255 页。

## 四、历史发展的动力：人民群众、阶级斗争、经济基础和上层建筑（第四部分第 13—25 自然段）

在论述了社会历史发展有着自己的客观规律以后，恩格斯进一步阐明了马克思所揭示的社会发展的基本规律，也就是从各个不同层次阐述了马克思主义关于历史发展“动力的动力”的基本思想，从而概述了历史唯物主义的基本原理，主要是：人民群众是历史的主体和创造者，阶级斗争是阶级社会发展的直接动力，生产方式是历史发展的决定力量，经济基础决定上层建筑。

### 1. 人民群众是历史的主体和创造者

如何揭示历史发展的“精神动力背后的动力”？恩格斯还是从人的动机出发。唯物史观并不否认历史人物动机的作用，甚至充分肯定历史人物在历史发展的十字路口，能发挥杰出的作用。但是，历史人物的动机的实现力量在什么地方？这些动机如何能发挥“持久的、引起重大历史变迁的行动”？还得看作为在历史主体的人民群众的动机和作用。正如恩格斯所说：“如果要去探究那些隐藏在——自觉地或不自觉地，而且往往是不自觉地——历史人物的动机背后并且构成历史的真正的最后动力的动力，那么问题涉及的，与其说是个别人物，即使是非常杰出的人物的动机，不如说是使广大群众、使整个整个的民族，并且在每一民族中间又是使整个整个阶级行动起来的动机；

而且也不是短暂的爆发和转瞬即逝的火光，而是持久的、引起重大历史变迁的行动。”[①] 这里恩格斯强调了两个相统一的因素：一是使整个整个民族、整个整个阶级行动起来的动机；二是只有这样的动机，才具有持久性。

唯物史观的这一重要思想，早在恩格斯与马克思早年（1844年）第一次合著的著作《神圣家族》中，就形成了。在这一著作中，马克思恩格斯首先揭露了对青年黑格尔派的唯心主义思想根源，指出所谓对“绝对精神”的“自我意识”，不过是“虚幻”的意识形态，因为资本家掌握的资本和个人的雇佣劳动之间的关系，并不是想象中的“幻影”，而是劳动被“异化”的真实表现。因此，要消除雇佣劳动，不是通过“精神批判”而让工人在头脑中清除“雇佣劳动”的意识就能达到的，因为单凭思想是根本不能实现什么东西的，为了实现思想，就要有使用实践力量的人，“要想站起来，仅仅在思想中站起来，而让用思想所无法摆脱的那种现实的、感性的枷锁依然套在现实的、感性的头上，那是不够的”。[②]

那么，现实的力量究竟存在在什么地方呢？青年黑格尔派鄙视“物质生产”，认为历史的“发源地”是对“绝对精神”的“自我意识”，人只是历史的“客体”和实现“绝对精神”的“工具”，人对利益的追求“是精神的真正的敌人”。马克思恩格斯把这些观念完全颠倒了过来，认为一切历史活动都不是纯粹的

①《马克思恩格斯选集》第4卷，人民出版社2012年版，第255—256页。
②《马克思恩格斯文集》第1卷，人民出版社2009年版，第288页。

思想，而是为了某种利益，"'思想'一旦离开'利益'，就一定会使自己出丑"。在革命进程中，"这种利益是如此强大有力，以至胜利地征服了马拉的笔、恐怖主义者的断头台、拿破仑的剑，以及钉在十字架上的耶稣受难像和波旁王朝的纯血统"。"历史活动是群众的活动，随着历史活动的深入，必将是群众队伍的扩大"。[①] 他们指出，历史的"发源地"是"物质生产"，因此从事物质生产的人民群众，才是历史的主体，历史的动力则是群众对利益的追求。

因此可以说，精神动力也好，杰出的历史人物的动机也罢，只是体现了历史发展的偶然性，而历史发展的必然性，则存在于人民群众的动机及其物质动因中。这样，马克思恩格斯才找到了社会历史得以发展的真正根源。至于人民群众在不同历史阶段的动机采取什么形式，是明显还是不明显，是直接诉诸物质利益，还是采取某种幻想的实质宗教的思想形式，这仍然是由当时的社会历史条件、特别是各种利益矛盾决定的。恩格斯为此举例说，最初的工人运动采取了简单捣毁机器的自发形式，但是后来，他们不再把工业化看成是自己利益的根本损害者，而是不能"容忍按照资本主义方式应用机器"。

**2. 阶级斗争是阶级社会发展特别是近代以来历史发展的直接动力**

那么，人民群众为了自己的利益而形成的动机，怎么表现

① 《马克思恩格斯文集》第 1 卷，人民出版社 2009 年版，第 286—287 页。

为对历史发展的作用的呢？在阶级社会里，人们的愿望和动机，归根到底主要是由其所处的阶级地位决定的。只有具体地考察社会各阶级思想动机的动因和结果，抓住阶级社会或者阶级斗争的基本线索，才能使我们从充满了各种偶然性的迷离混沌的历史状态中，发现必然性和规律性。恩格斯正是通过这一途径，揭示出阶级社会发展的直接动力，以及一般社会发展规律在阶级社会中的表现。

恩格斯指出，在资本主义来到人世间以前，对历史发展的阶级斗争动因的探究，因为在前资本主义的几种社会形态中，生产力发展水平比较低，生产规模狭小，限制了人们的眼界，而封建等级制和宗法制度又掩盖了阶级关系，再加上剥削阶级的偏见，使得人们很难真正看清剥削和被剥削之间斗争的实质和对历史发展的作用，只能陷于“龙生龙，凤生凤，老鼠的儿子会打洞”的“天命论”的迷思之中，而不可能找到作为结果的现象，同作为本质的原因之间的真实关系。而到了资本主义时期，机器大生产打破了地域对人民眼界的限制，打破了“日出而作、日落而息”生产生活方式对人们时间意识的限制，特别是废除了封建等级和宗法制度，使人们的经济利益关系直接呈现出来，阶级关系也简单化和明朗化了，这样，就给揭示人类发展的直接动力之谜，提供了客观条件。

恩格斯接着举例说，英国工业革命以后，特别是1815年签订欧洲和约以来，在英国，全部政治斗争的中心，是封建贵族和资产阶级这两个阶级对统治权力的争夺；在法国，被资产阶级革命推翻的波旁王朝、经过复辟和再度被推翻的历史表明，资产阶级和封建贵族争夺统治权的斗争，也是当时法国历史的主线。在这一时期，法国的历史学家梯叶里、基佐、米涅和梯也尔等人，都意识到这两大阶级的斗争是理解中世纪以来法国历史的钥匙。也正如马克思 1852 年致约瑟夫·魏德迈的信中所说："在我以前很久，资产阶级历史编纂学家就已经叙述过阶级斗争的历史发展。"[①] 恩格斯进一步指出："从 1830 年起，在这两个国家里，工人阶级即无产阶级，已被承认是为争夺统治而斗争的第三个战士。……这三大阶级的斗争和它们的利益冲突是现代历史的动力，至少是这两个最先进国家的现代历史的动力。"[②]

### 3. 生产方式是社会发展的决定力量

那么，阶级斗争的根源在什么地方呢？也就是说，阶级斗争作为阶级社会发展的直接动力，其"动因"何在呢？一个好端端的社会，大家合作和谐不是很好吗，为什么会产生阶级、会进行阶级斗争甚至爆发你死我活的阶级冲突呢？恩格斯阐述了阶级的起源、发展和斗争，是由于纯粹的经济原因，是物质生活资料的生产方式发生变化的结果，因而得出唯物史观的基本结论：社会历史发展的最终原因是社会生产方式内部的矛盾运动。

恩格斯认为，初看起来，欧洲大规模封建大土地占有制的

① 《马克思恩格斯选集》第 4 卷，人民出版社 2012 年版，第 426 页。
② 《马克思恩格斯选集》第 4 卷，人民出版社 2012 年版，第 256 页。

形成，是暴力掠夺的结果，但是，暴力之所以能够发挥作用，也只是因为当时欧洲社会内部已经孕育着封建生产制度的经济条件，暴力只是起到了催化剂的作用。恩格斯强调，对于资本主义初期的封建贵族和资产阶级之间的斗争，“首先是为了经济利益而进行的，政治权力不过是用来实现经济利益的手段”。而资产阶级和无产阶级这两大阶级的起源和发展，也“是由于纯粹经济的原因”。“资产阶级和无产阶级这两个阶级是由于经济关系发生变化，确切些说，是由于生产方式发生变化而产生的。”[①]

恩格斯具体分析了欧洲在资本主义发展进程中，封建阶级、资产阶级和无产阶级之间矛盾的形成和斗争的发展，同生产方式发展变化的关系，这一进程是从行会手工业到工场手工业、再从工场手工业到使用机器大工业的演变过程。资产阶级为了推动大规模的机器生产，需要把工人联合起来，这就同封建社会制度的行会特权以及许多其他的个人特权和地方特权不相容了，资本主义所要发展的生产力起来反抗封建土地占有者和行会师傅所代表的生产关系了，这样，封建桎梏被打碎了。而当资本主义生产关系占了统治地位后，机器大工业也已经同资产阶级生产秩序相冲突了，它越来越被资本主义生产方式的狭隘范围所束缚，因为资本主义生产方式一方面使广大人民群众越来越贫困化和无产阶级化，另一方面生产出越来越多的没有销路的产品。“生产过剩和大众的贫困，两者互为因果，这就是大

① 《马克思恩格斯选集》第4卷，人民出版社2012年版，第257页。

工业所陷入的荒谬的矛盾，这个矛盾必然要求通过改变生产方式来使生产力摆脱桎梏。”[①]而它的直接表现，就是无产阶级同资产阶级的矛盾和斗争。

恩格斯关于阶级斗争的根源的论述，阐述了唯物史观的一个基本原理，即生产方式的发展变化，是阶级的产生和阶级斗争的根源，而阶级斗争不过是一定的生产方式内在矛盾的外部表现。由此，生产方式对于社会历史发展而言，起着决定性的作用，这是隐藏在人们思想动机背后最深刻的动因。这也决定了，在马克思主义视野中，阶级斗争不是目的本身，它的最终目的，归根到底是为了一定的经济利益，而政治权力不过是用来实现经济利益的手段。正如恩格斯所说：“在现代历史中至少已经证明，一切政治斗争都是阶级斗争，而一切争取解放的阶级斗争，尽管它必然地具有政治的形式（因为一切阶级斗争都是政治斗争），归根到底都是围绕着经济解放进行的。”[②]

### 4. 经济基础决定政治制度和意识形态等上层建筑

唯物史观认为，不同社会及其在不同的发展阶段，社会形态的构成都具有复杂性，但社会形态无论多么复杂，其主要的社会结构包括三个基本层次：一是生产力；二是生产关系，生产力和生产关系构成生产方式；三是上层建筑，包括国家和法律制度构成的政治上层建筑和各种意识形态构成的思想上层建筑。

---

① 《马克思恩格斯选集》第 4 卷，人民出版社 2012 年版，第 257 页。

② 《马克思恩格斯选集》第 4 卷，人民出版社 2012 年版，第 257—258 页。

关于社会结构以及由此决定的历史发展的根本动力，马克思在 1859 年所写的《〈政治经济学批判〉序言》中，作过经典的表述。他在回顾从早年怀疑黑格尔哲学到形成自己的世界观的心路历程后，说道："我所得到的，并且一经得到就用于指导我的研究工作的总的结果，可以简要地表述如下：人们在自己生活的社会生产中发生一定的、必然的、不以他们的意志为转移的关系，即同他们的物质生产力的一定发展阶段相适合的生产关系。这些生产关系的总和构成社会的经济结构，即有法律的和政治的上层建筑竖立其上并有一定的社会意识形式与之相适应的现实基础。物质生活的生产方式制约着整个社会生活、政治生活和精神生活的过程。不是人们的意识决定人们的存在，相反，是人们的社会存在决定人们的意识。社会的物质生产力发展到一定阶段，便同它们一直在其中运动的现存生产关系或财产关系（这只是生产关系的法律用语）发生矛盾。于是这些关系便由生产力的发展形式变成生产力的桎梏。那时社会革命的时代就到来了。随着经济基础的变更，全部庞大的上层建筑也或慢或快地发生变革。"[①] 于是，生产力和生产关系之间的矛盾，以及经济基础和上层建筑之间的矛盾，便成为社会的基本矛盾。社会基本矛盾是历史发展的根本动力，其他社会矛盾都是由此派生并且受其制约的。

由此，要从整体上揭示社会发展的客观规律，既要研究生

---

①《马克思恩格斯选集》第 2 卷，人民出版社 2012 年版，第 2—3 页。

产力与生产关系的矛盾运动，又要考察经济基础和上层建筑的辩证关系。由于恩格斯当时主要针对历史唯心主义的观点，所以从生产方式决定阶级斗争切入，着重论述了经济基础决定上层建筑的基本原理。

其一，经济基础决定国家政治制度和法。

恩格斯指出，既然要去争取解放的阶级斗争归根到底都是围绕着经济解放进行的，因此，“国家、政治制度是从属的东西，而市民社会、经济关系的领域是决定性的因素”。[①] 恩格斯剖析了唯心史观特别是黑格尔在这个问题上布下的迷雾，即国家是决定性的因素，而体现人们之间物质利益交换的市民社会，则是被国家决定的因素，因为一个社会的经济要求，只有通过国家的愿望并采取法律形式，才能取得能够实现的普遍效力，正如一个人的行动，总是受他的头脑中的思想动机支配的一样。但是，恩格斯指出，这只是社会的表面现象和问题的形式，而不是问题的内容和实质。如果进一步深入地问一下，国家愿望的内容是什么？它是从哪里来的？在寻求这些问题的答案时，我们就会发现，国家的愿望取决于占统治地位的那个阶级的经济利益，归根到底是由生产力和生产关系决定的。

恩格斯还指出：“既然甚至在拥有巨量生产资料和交往手段的现代，国家都不是一个具有独立发展的独立领域，而它的存在和发展归根到底都应该从社会的经济生活条件中得到解释，

① 《马克思恩格斯选集》第 4 卷，人民出版社 2012 年版，第 258 页。

那么，以前的一切时代就必然更是这样了。”[1]因为以前的时代的生产力没有像资本主义社会那样发达，社会财富也远远少于资本主义社会，生产的必要性会在更大程度上支配着人们，人们也必然要更多地消耗一生中的时间来满足自己的物质需要，更多地依赖于物质需要。

恩格斯进一步指出，在资本主义社会中，公法和私法同国家政治制度是一样，也是由社会经济关系决定的。欧洲资本主义在发展中，为了维护社会关系的稳定性从而更有效地保护资产阶级的既得利益，把法律分为公法和私法。公法称为国家法，它是对整个国家生活的法律规定，包括体现国家政治制度的宪法，关于立法、行政、司法机构以及公民的权利和义务的法律等；私法也称民法，是关于公民财产权利的法律，包括财产法、继承法、家庭法等。不仅国家和公法是由经济关系决定的，私法也是由经济关系决定的，因为私法的本质，是确认单个人之间的现存的、在一定情况下是正常的经济关系。

当然，国家和法一经产生以后，又有相对独立性，各个国家在不同的历史阶段，会采取很不相同的形式。如英国，可以把旧的封建的法的形式大部分保存下来，但赋予这种形式以资产阶级的内容，甚至直接给封建的名称加上资产阶级的含义。这是英国资本主义生产关系与封建主义生产关系长期并存，从而使资产阶级与封建势力相妥协的结果。而在西欧大陆，却以

① 《马克思恩格斯选集》第4卷，人民出版社2012年版，第258页。

罗马法为基础制定民法。罗马法是第一个世界性的反映简单商品经济关系的法典，它对私有制基础上的商品生产的法律关系，都作了明确的规定，如买主和卖主的关系，契约、债务关系等。然而，同样是以罗马法为基础，大陆各大国所制定的私法，也有所不同。如 19 世纪的德国的普通法，由于没有经历一场资产阶级革命，而主要兼顾了小资产阶级和半封建贵族的利益。而在法国，法兰西民法典则是典型的资产阶级社会的法典。这种法律形式的差别，归根结底是由各国社会经济生活条件的差异所决定的。

接着，恩格斯再回到对国家实质的论述，即国家不仅是一种物质力量，而且是一种支配人的意识形态力量。因为作为经济关系中占统治地位的阶级的政治统治力量，它要维护自己的统一，就要制造出这样一种意识形态：国家是保护社会的共同利益，使其免遭内部和外部侵犯的机关，并且显示出对于社会经济关系的独立性。而意识形态就具有这样的功能，即明明是反映某一阶级和社会集团的利益，却要在理论和宣传上把它包装成代表社会的普遍利益或共同利益。正如恩格斯同马克思在 1845 年合著的《德意志意识形态》中所精辟论述的那样："正是由于特殊利和共同利益之间的这种矛盾，共同利益才采取国家这种与实际的单个利益和全体利益相脱离的独立形式，同时采取虚幻的共同体的形式。""每一个力图取得统治的阶级，即使它的统治要求消灭整个旧的社会形式和一切统治，就像无产阶级那样，都必须首先夺取政权，以便把自己的利益又说成是普遍的利益，而这是它在初期不得不如此做的。”“每一个企图取代旧统治阶级的新阶级，为了达到自己的目的不得不把自己的利益说成是社会全体成员的共同利益，就是说，这在观念上的表达就是：赋予自己的思想以普遍性的形式，把它们描绘成唯一合乎理性的、有普遍意义的思想。”[①]于是，国家就具有了相对的独立性。

法也是如此。统治阶级需要把法说成是绝对公平的、不偏向于任何集团利益的，鼓吹法律形式就是一切，这样法律体系才能获得普遍的确认，而经济内容则什么也不是。于是，法律就有了相对的独立性。

但是，不管国家和法具有怎样的独立性，这种独立性都是相对的，也就是归根结底它们是由经济关系所决定的。

其二，经济基础决定哲学和宗教等意识形态。

从国家作为一种相对独立的物质力量和意识形态力量切入，恩格斯进一步阐述了其他意识形态，特别是离经济基础更远的哲学和宗教，同经济基础的关系。

恩格斯认为，哲学和宗教同物质生活条件的联系，存在着很多中间环节，这使得它们同经济基础的关系，越来越错综复杂，因而具有更大的相对独立性。但是，这一联系是存在着的，哲学和宗教观念的演化，毕竟是由经济关系及其变化所决定的。恩格斯举例说，15世纪中叶起的整个文艺复兴时期，本质上是

① 《马克思恩格斯选集》第1卷，人民出版社2012年版，第164、180页。

因资本主义生产关系萌芽而形成的城市市民阶级的产物。哲学也是如此，欧洲的近代哲学的内容，本质上是和中小市民阶级发展为大资产阶级的过程相适应的。基督教神学在中世纪所鼓吹的神道主义、蒙昧主义和禁欲主义，适应了封建专制主义统治的需要；而欧洲自文艺复兴开始兴起的近代哲学，张扬人道主义、理性精神和个性解放，则是满足新兴资产阶级发展资本主义生产关系的需要而产生的，因为这一阶级需要资本和劳动力流动的自由。当然，由于欧洲各国经济发展的历史条件不同，以及文化传统的差异，近代资产阶级哲学在不同国家也有不同的表现形式和特点。

接着，恩格斯用较大的篇幅阐明了宗教的产生、发展、变革及其社会作用，进一步说明离物质生活最远、似乎同物质生活最不相干的宗教，同经济基础的关系。

首先，从宗教的产生看。“宗教是在最原始的时代从人们关于他们自身的自然和周围的外部自然的错误的、最原始的观念中产生的。……人们头脑中发生的这一思想过程，归根到底是由人们的物质生活条件决定的。”[①]即宗教是由不发达的生产力和人们狭小的生活领域所决定的。

其次，从宗教的发展变化看。在原始宗教观念中，各民族因各自生产生活条件的不同，而形成了各自独特的民族神，只要这些民族存在，这些神也就继续活在人们的观念中，而当这

① 《马克思恩格斯选集》第4卷，人民出版社2012年版，第260—261页。

些民族没落了，这些神也就随之消失。到了罗马世界帝国时代，由于奴隶制经济的发展和帝国领土的扩张，原有各民族的多神教，便被罗马帝国所需要的基督教所取代，因为罗马帝国要完成世界帝国，需要有体现一神教的世界宗教来充实自己，以便同中世纪封建的经济关系和由此决定的等级制度相适应。

再次，从欧洲近代的宗教改革看。16世纪伴随着文艺复兴运动，欧洲也爆发了较大规模的宗教改革运动。中世纪把哲学、政治、法等意识形态的其他一切形式都合并到神学中，使它们成为神学中的科目，而宗教改革让哲学、政治和法从神学中相对独立出来，使基督教能逐步适应资产阶级发展资本主义生产关系的需要，而披上进步的外衣。正如恩格斯所说："当市民阶级兴起的时候，新教异端首先在法国南部的阿尔比派中间，在那里的城市最繁荣的时代，同封建的天主教相对抗而发展起来。"到了18世纪，资本主义工商业进一步发展，逐渐在欧洲各国的经济关系中占有了统治地位，资产阶级开始形成自己的独立的意识形态，如法国唯物主义的一些人，公然鼓吹无神论，以为法国的资产阶级革命鸣锣开道。此后，基督教在欧洲"已不能成为任何进步阶级的意向的意识形态外衣了；它越来越变成统治阶级专有的东西，统治阶级只把它当做使下层阶级就范的统治手段"。①

通过这些分析，恩格斯得出基本结论："宗教一旦形成，总

①《马克思恩格斯选集》第4卷，人民出版社2012年版，第263页。

要包含某些传统的材料，因为在一切意识形态领域内传统都是一种巨大的保守力量。但是，这些材料所发生的变化是由造成这种变化的人们的阶级关系即经济关系引起的。”[①] 这说明，包括宗教在内的各种意识形态，它们的发展变化有历史的继承性，因而具有相对独立性，但是，它们归根到底是由经济基础决定的。

在把握恩格斯的上述论述时，我们必须注意，恩格斯此时为了阐述唯物史观创立的心路历程而批驳唯心史观，所以着重阐明了经济城础决定上层建筑这一基本原理，但并没有因此否认上层建筑对经济基础的反作用。可是，在马克思去世后，唯物史观的这一原理被一些人庸俗化了，他们把经济基础说成是唯一的决定因素，否认上层建筑对经济基础的反作用。针对这种曲解，恩格斯明确地指出：“根据唯物史观，历史过程中的决定因素归根到底是现实生活的生产和再生产。无论马克思或我都从来没有肯定过比这更多的东西。如果有人在这里加以歪曲，说经济因素是唯一决定性的因素，那么他就是把这个命题变成毫无内容的、抽象的、荒诞无稽的空话。经济状况是基础，但是对历史斗争的进程发生影响并且在许多情况下主要是决定着这一斗争的形式的，还有上层建筑的各种因素：阶级斗争的各种政治形式及其成果——由胜利了的阶级在获胜以后确立的宪法等，各种法的形式以及所有这些实际斗争在参加者头脑中的反映，政治的、法律的和哲学的理论，宗教的观点以及它们向教

① 《马克思恩格斯选集》第 4 卷，人民出版社 2012 年版，第 263—264 页。

义体系的进一步发展。这里表现出这一切因素间的相互作用。”①

## 五、科学越是毫无顾忌和大公无私就越符合工人的利益和愿望（第四部分第 26 自然段和结语）

在概述了马克思主义的历史观后，恩格斯在《费尔巴哈论》的第四部分最后一个自然段和结语部分的两个自然段，进一步从研究对象和社会功能两个方面，阐述了马克思主义世界观的创立的伟大意义，即对于旧哲学而言所实现的革命性变革。

### 1. 马克思主义哲学在研究对象上实现的革命性变革

对于马克思主义哲学诞生以前的欧洲哲学来说，无论是旧唯物主义还是唯心主义，无论是历史哲学还是自然哲学，在研究对象上有两个特点：一是，旧哲学是包罗万象的，它把一切现在看来是属于具体自然科学和社会科学的研究内容，都包括在自己的哲学体系之中，使哲学成为凌驾于各门具体科学之上所谓“科学的科学”，它没有自己确定的独立的研究对象，这自然影响到它本身和各门具体科学的发展。二是，旧哲学为了做到“包罗万象”，它只能用主观臆造的联系代替客观世界本身真实的联系，用幻想来弥补对现实研究的不足。

19 世纪中叶，自然科学和社会科学的发展，以及资本主义和工人运动的发展，为新的科学世界观和哲学方法论的产

① 《马克思恩格斯选集》第 4 卷，人民出版社 2012 年版，第 604 页。

生，提供了客观条件。马克思恩格斯从无产阶级革命运动的实践出发，概括了自然科学的新成就，批判地吸收和改造人类社会特别是欧洲思想文化中德国古典哲学的优秀成果，把唯物论和辩证法结合起来，并运用到对历史领域的研究，实现了唯物辩证自然观和唯物辩证历史观的统一，从而创立了科学的世界观。

“正如辩证的自然观使一切自然哲学都成为不必要的和不可能的一样”，唯物辩证的历史观，同样是从历史本身提供的证明出发，因此，“这种历史观结束了历史领域内的哲学”。“现在无论在哪一个领域，都不再是从头脑中想出联系，而是从事实中发现联系了。这样，对于已经从自然界和历史中被驱逐出去的哲学来说，要是还留下什么的话，那就只留下一个纯粹思想的领域：关于思维过程本身的规律的学说，即逻辑和辩证法。”①于是，马克思主义哲学科学地解决了哲学的对象问题，作为“科学之科学”的旧哲学，就从自然领域和历史领域中最终被驱逐出去了，从而使哲学第一次获得了科学的性质。而存在于旧哲学中的逻辑和辩证法，由于是研究思维形式及其规律的科学，则被作为思想史上的精华，保留了下来，并且为马克思恩格斯创立新的世界观提供了思想材料。

### 2. 马克思主义哲学在社会功能上实现的革命性变革

《费尔巴哈论》最后两段是结语。恩格斯通过对 1848 年革

① 《马克思恩格斯选集》第 4 卷，人民出版社 2012 年版，第 264 页。

命后德国资产阶级和无产阶级对待理论不同态度变化的分析，阐述了马克思主义哲学在实践基础上的革命性和科学性高度统一的特征，从而体现了马克思主义哲学在社会功能上对旧哲学所实现的革命性变革。

1848 年德国革命是德国经济、政治、阶级关系发生重大变化的转折点。在这以前，德国资产阶级处在准备革命的阶段，尽管有诸多软弱性，但总的说来还处在上升时期。为了给资产阶级革命提供思想和舆论准备，反映资产阶级利益的思想理论界非常活跃，他们甚至不顾普鲁士政府的书报检查制度的干涉，热衷于理论研究，并且在哲学、自然科学乃至文学艺术等方面，都取得了在人类思想史上都值得骄傲的成就，如康德、黑格尔、费尔巴哈的哲学，席勒、歌德、海涅的文学，开普勒的天文学，莱布尼兹的哲学和微积分，康德的天体演化学，施莱登和施旺的细胞学说，等等。这些成就丰富了人类思想文化的宝库，给德国民族带来了无限的光荣。

1848 年德国革命后，尽管革命总体上失败了，但资产阶级毕竟获得了一定的统治地位，特别是 1871 年德意志帝国成立后，资本主义得以迅速发展起来，“以手工劳动为基础的小手工业和工场手工业已经为真正的大工业所代替，德国重新出现在世界市场上，新的小德意志帝国至少排除了由小邦分立、封建残余和官僚制度造成的阻碍这一发展的最显著的弊病”。资产阶级感到从前热衷于理论的目的已经达到，于是，“随着 1848 年革命而来的是‘有教养的’德国抛弃了理论，转入了实践的领域”。“思辨”已经“离开哲学家的书房而在证券交易所筑起自己的殿堂”。(恩格斯在这里所使用的“思辨”，在德语中的双关语，一是理论的思辨，二是“投机”。)“而在包括哲学在内的历史科学的领域内，那种旧有的在理论上毫无顾忌的精神已随着古典哲学完全消失了；起而代之的是没有头脑的折中主义，是对职位和收入的担忧，直到极其卑劣的向上爬的思想。”这意味着，“有教养的德国”“失去了在德国最深沉的政治屈辱时代曾经是德国的光荣的伟大理论兴趣”。[①] 而在资产阶级和工人阶级进入公开对抗的时代，德国的资产阶级理论家已经成为国家的意识形态家了。

然而，恩格斯指出：“德国人的理论兴趣，只是在工人阶级中还没有衰退，继续存在着。在这里，它是根除不了的。”因为工人阶级大公无私，“对职位、牟利，对上司的恩典，没有任何考虑。相反，科学越是毫无顾忌和大公无私，它就越符合工人的利益和愿望”。[②] 因为伴随着社会化大生产而兴起的工人阶级，本身一无所有，因而最富于革命的彻底性；他们的阶级利益和人类解放的利益，是完全一致的，因而马克思所揭示的社会发展规律即人类解放的规律，既有客观的真理性，也有符合工人阶级利益的价值性。因此，真理越彻底，越显示工人阶级的前途和命运，工人阶级不惧怕真理，对于理论的兴趣和研究，是工人阶级根本利益的需要。正如马克思早1843年在致阿尔诺

①《马克思恩格斯选集》第4卷，人民出版社2012年版，第264—265页。
②《马克思恩格斯选集》第4卷，人民出版社2012年版，第265页。

德·卢格的信中所说：我“要对现存的一切进行无情的批判，所谓无情，就是说，这种批判既不怕自己所作的结论，也不怕同现有各种势力发生冲突”。[①]这体现了工人阶级的彻底的批判精神。

而马克思主义作为工人阶级利益的理论表达，是“在劳动发展史中找到了理解全部社会史的锁钥的新派别，一开始就主要是面向工人阶级的，并且从工人阶级那里得到了同情”。这就深刻地揭示了哲学的社会功能，即作为反映某一阶级利益的意识形态，它不仅要解释世界，更要为改造世界的实践服务。这也是马克思主义哲学所实现的伟大变革。正如马克思在1845年《关于费尔巴哈的提纲》中所作的精辟论断：“哲学家们只是用不同的方式解释世界，问题在于改变世界。”[②]而改变世界，势必同一定的阶级利益联系在一起，也正如马克思早年在《〈黑格尔法哲学批判〉导言》中所说的：“哲学把无产阶级当做自己的物质武器，同样，无产阶级也把哲学当作自己的精神武器。”[③]

于是，恩格斯最后指出：德国的工人运动是德国古典哲学的继承者。

①《马克思恩格斯文集》第10卷，人民出版社2009年版，第7页。
②《马克思恩格斯选集》第1卷，人民出版社2012年版，第136页。
③《马克思恩格斯选集》第1卷，人民出版社2012年版，第16页。

# 第七章　《费尔巴哈论》是每个觉悟工人必读的书籍

恩格斯的《费尔巴哈论》在马克思主义发展史中具有十分重要的理论价值和实践意义。它是全面阐述马克思主义哲学的光辉著作，为第二国际和俄国社会主义运动提供了科学的理论指南。从我们党的发展历程来看，中国共产党同样是《费尔巴哈论》精神的忠实传人。正是在这个意义上，我们说《费尔巴哈论》是每个觉悟工人必读的书籍。

## 一、《费尔巴哈论》是全面阐述马克思主义哲学的光辉著作

《费尔巴哈论》是一部系统阐释马克思主义哲学原理的光辉著作。它是恩格斯晚年总结他与马克思的共同创立的理论的经典之作。具体来说，《费尔巴哈论》在以下三个方面做出了杰出的理论贡献：

### 1. 对德国古典哲学的发展历程进行梳理，阐明了马克思主义与它的哲学来源的关系

在《1844 年经济学哲学手稿》《德意志意识形态》等早期文本中，马克思和恩格斯清算了他们以前的哲学信仰。但是，因为各种原因，这些著作在他们生前都没有得到出版。从 19 世纪 40 年代中期以后，在 40 多年的时间里，他们都没有机会再系统说明马克思主义与德国古典哲学的关系。恩格斯在《费尔巴哈论》中可以说是完成了这一夙愿。

在德国古典哲学中，黑格尔哲学和费尔巴哈哲学是马克思主义哲学的直接来源。对于黑格尔哲学，恩格斯首先分析了它的一个重要命题，即“凡是现实的都是合乎理性的，凡是合乎理性的都是现实的”。从这个命题出发，恩格斯主要做了两个方面的工作。一是从黑格尔的辩证法思想中分离出它的合理内容，说明了黑格尔哲学的真实意义和革命性质。二是向我们解释了黑格尔哲学的革命方法和唯心主义体系的矛盾。黑格尔哲学解体后，费尔巴哈揭露了这一体系的弊端，但只是简单地把它抛在一旁。恩格斯一方面欣赏费尔巴哈在自然观上所坚持的唯物主义，另一方面又责怪他陷入历史唯心主义的泥潭。恩格斯还详细告诉我们以下问题的答案：马克思主义哲学如何批判继承它的哲学来源，又如何超越这些旧哲学。

《费尔巴哈论》为我们科学对待人类历史上的优秀文化成果提供了方法论原则。任何一种人类文化成果，都可能有它合

理的一面。如果我们只是简单地宣布一种思潮或学说是错误的，就加以全盘否定，而不从它本来的意义上去扬弃它，那是非常不负责任的态度。所谓扬弃，就是克服它的消极保守的方面，而把其革命方面接收过来并加以发展。这才是马克思主义者应有的态度。其实，马克思主义本身就是在吸收人类文化成果之上产生的开放体系。列宁曾经说，马克思主义创始人的全部天才正是在于他们回答了人类先进思想已经提出的种种问题，“马克思主义这一革命无产阶级的意识形态赢得了世界历史性的意义，是因为它并没有抛弃资产阶级时代最宝贵的成就，相反却吸收和改造了两千多年来人类思想和文化发展中一切有价值的东西”[①]。这个观点与我们研究恩格斯《费尔巴哈论》的基本结论是一致的。

### 2. 对“哲学基本问题”进行原创性提炼，揭示了马克思主义哲学的革命性意义

恩格斯认为，全部哲学特别是近代哲学的基本问题归结起来是思维和存在的关系问题。这一基本问题，可以分解为两个方面：思维和存在的第一性问题、思维和存在的同一性问题。关于哲学基本问题的说明，为我们划分唯物主义和唯心主义提供了科学的依据。在分析完德国古典哲学的发展历程后，为什么恩格斯还要作这样一种概括？他仅仅是为了评价费尔巴哈哲学的功过吗？显然不是的。恩格斯背后的深层意图，在于为论

① 《列宁选集》第 4 卷，人民出版社 2012 年版，第 299 页。

证马克思主义哲学的革命变革提供理论支持。

恩格斯限定了哲学基本问题的适用边界。他语重心长地说：你们千万不要给思维和存在的第一性问题“加上别的意义”！之所以要提出忠告，是因为恩格斯不想把马克思主义哲学同化于旧唯物主义中。在马克思主义哲学产生以前，各种各样的唯物主义，都确认了自然界的第一性问题。马克思恩格斯当然也同意这个前提。但是，他们最重要的理论贡献，在于找到了唯物论和辩证法相结合的基础——“实践”。实践第一的观点，是马克思主义哲学超越德国古典哲学的根本。

早在19世纪中后期，就流行着一种故意混淆马克思主义与德国古典哲学的本质区别的看法。它们的立论基础是，马克思主义哲学仅仅是费尔巴哈唯物主义与黑格尔辩证法的简单相加的结果（这一看法在后来的马克思主义发展史中亦时有出现）。这是对马克思主义哲学的革命意义的遮蔽。唯物主义和辩证法是不会自然而然地实现统一的。既要从物质出发又要从精神出发，就会陷入二元论和不可知论的泥潭。在黑格尔之前，康德就犯过这样的错误。事实上，从作为《费尔巴哈论》附录发表的《关于费尔巴哈的提纲》中，我们同样可以清晰地看到：包括费尔巴哈唯物主义在内的旧唯物主义也好，以黑格尔体系为典型的各种唯心主义也罢，它们共同的根本缺陷都在于不懂得人的实践活动及其意义。马克思恩格斯以“实践的唯物主义”理论立场，从研究对象和社会功能两个方面实现了对一切旧哲学的革命性变革。

### 3. 提出唯物主义辩证法是最锐利的武器，对历史唯物主义作了详尽的阐述

费尔巴哈只是简单地把黑格尔哲学放在一边，所以他没能找到抽象王国通向现实世界的道路。这样一来，用恩格斯的话来说，他也被挤到后台去了。马克思恩格斯则不是这样。他们以一种极其负责任的态度对待黑格尔哲学：从黑格尔的唯心主义体系这一不管用的形式中救出它的新内容，给辩证法赋予了唯物主义基础。唯物辩证法是马克思恩格斯扬弃旧哲学的结果。它把唯物论与辩证法统一了起来。正是有了唯物辩证法的思想，马克思恩格斯才能够把唯物主义贯彻到一切领域。恩格斯还指出："值得注意的是，不仅我们发现了这个多年来已成为我们最好的工具和最锐利的武器的唯物主义辩证法，而且德国工人约瑟夫·狄慈根不依靠我们，甚至不依靠黑格尔也发现了它。"①

运用唯物主义辩证法的工具，恩格斯对历史唯物主义作了概述。这是《费尔巴哈论》的主要理论贡献。恩格斯后来反复肯定了这一点。在 1890 年 9 月致约瑟夫·布洛赫的信中，恩格斯指出："我也可以向您指出我的《欧根·杜林先生在科学中实行的变革》和《路德维希·费尔巴哈和德国古典哲学的终结》，我在这两部书里对历史唯物主义作了就我所知是目前最为详尽的阐述。"② 在 1894 年 1 月致瓦尔特·博尔吉乌斯的信中，他再

① 《马克思恩格斯选集》第 4 卷，人民出版社 2012 年版，第 250 页。
② 《马克思恩格斯选集》第 4 卷，人民出版社 2012 年版，第 606 页。

次强调，关于历史唯物主义的“大多数问题都已经在《反杜林论》第一编第九至十一章、第二编第二至四章和第三编第一章或导言里，后来又在《费尔巴哈》最后一章里谈到了”。[①]

事实上，恩格斯把《费尔巴哈论》所概述的历史观表述为“历史唯物主义”并非偶然，他在晚年一直坚持这种概括。在致康拉德·施米特的两封书信（1890 年 8 月 5 日、1890 年 10 月 27 日）中，恩格斯都使用了历史唯物主义的范畴，并强调“我们的历史观首先是进行研究工作的指南”[②]。在《社会主义从空想到科学的发展》1892 年英文版导言中，恩格斯三次使用了历史唯物主义的表述，强调要“捍卫的是我们称之为‘历史唯物主义’的东西”[③]。

在《费尔巴哈论》中，恩格斯主要论述了以下几点历史唯物主义原理：

其一，揭示了人类社会发展的客观基础。把单调的“物质”看作人类历史的基础，不但不是历史唯物主义的原创性贡献，反而违背了恩格斯对哲学基本问题的补充说明。恩格斯提出，应该从社会的物质生活条件出发来解释整个社会历史，而不是相反。社会的物质生活条件的总和，其实就构成我们通常所说的社会存在。所以，恩格斯实际上是把社会存在理解为人类社会发展的前提和基础。

① 《马克思恩格斯选集》第 4 卷，人民出版社 2012 年版，第 651 页。
② 《马克思恩格斯选集》第 4 卷，人民出版社 2012 年版，第 599 页。
③ 《马克思恩格斯选集》第 3 卷，人民出版社 2012 年版，第 753 页。

其二，揭示了人类社会发展的一般规律。以往的哲学家们都有一个通病，那就是他们喜欢以头脑中臆造的联系来代替历史中存在的真实联系。历史唯物主义的任务，就是要清除这种臆造的人为的联系。恩格斯说，这一任务，其实就是要发现那些作为支配规律在人类社会的历史上起作用的一般运动规律。恩格斯还具体论述了生产力的发展及其与生产秩序的矛盾，说明了经济关系（物质经济基础）与阶级、阶级斗争、国家、法、意识形态的关系。这揭示了社会基本矛盾运动构成历史发展根本动力的规律。

其三，揭示了人类社会发展的主体力量。在机械唯物主义和庸俗的唯物主义的眼中，历史是由自然物质所决定的，人是冷冰冰的。在唯心主义者的眼中，历史是精神因素的自我实现，人只是依附性的工具。历史唯物主义彻底颠覆了这两方面的观点，它指出历史是由人民群众的实践活动构成的。恩格斯区分自然界和社会历史领域的动力，提出他著名的“历史合力论”思想，强调行动着的群众的动机的作用，其实就是在告诉我们这一道理。

概括地说，恩格斯所阐释的历史唯物主义，是“关于现实的人及其历史发展的科学”[①]。这种历史科学是马克思主义创始人第一次破天荒地提出来的，它最能体现马克思主义哲学变革的实质。当然，也如列宁所说，我们不能“把一些妄诞的企求

①《马克思恩格斯选集》第 4 卷，人民出版社 2012 年版，第 247 页。

强加给历史唯物主义，说它企求‘说明一切’，企求找到‘打开一切历史门户的钥匙’”，他打了一个形象的比喻：“种变说所企求的完全不是说明‘全部’物种形成史，而只是把这种说明的方法提到科学的高度。同样，历史唯物主义也从来没有企求说明一切，而只企求指出‘唯一科学的’（用马克思在《资本论》中的话来说）说明历史的方法。”[①]这是准确理解历史唯物主义的前提。

## 二、《费尔巴哈论》为第二国际和俄国社会主义运动提供思想指南

19世纪80年代末，马克思主义得到广泛传播，世界范围内的工人运动蓬勃发展。资产阶级为了维护和巩固自身的利益，不断向马克思主义发起理论进攻。他们千方百计抹杀马克思主义哲学的革命性意义。这在工人群体中造成了较大的思想混乱。《费尔巴哈论》的公开发表，沉重打击了各种折中主义、新康德主义、新黑格尔主义等非无产阶级世界观的嚣张气势。它更加深入广泛地宣传阐释了马克思主义哲学，对于马克思主义在无产阶级中的传播有正本清源的作用。

作为全面阐述马克思主义哲学的伟大著作，《费尔巴哈论》为工人运动提供了强大的理论武器。在论述马克思主义哲学在

① 《列宁选集》第1卷，人民出版社2012年版，第13—14页。

社会功能上实现的革命性变革时，恩格斯就鲜明强调：他们的理论一开始就主要是面向工人阶级的，它最符合工人的利益和愿望。在《马克思主义的三个来源和三个组成部分》中，列宁更是指出："马克思和恩格斯最坚决地捍卫了哲学唯物主义，并且多次说明，一切离开这个基础的倾向都是极端错误的。在恩格斯的著作《路德维希·费尔巴哈》和《反杜林论》里最明确最详尽地阐述了他们的观点，这两部著作同《共产党宣言》一样，都是每个觉悟工人必读的书籍。"①众所周知，《共产党宣言》是科学社会主义创立的标志，是无产阶级争取劳动解放的根本指针。列宁把《费尔巴哈论》与《共产党宣言》放在一起来说，前者对于工人运动的重要意义可想而知。

由于适应工人运动的需要，《费尔巴哈论》在世界各地得到广泛的传播。除恩格斯 1886 年在《新时代》杂志发表和 1888 年出版德文版单行本以外，它还被译成多国文字公开发行。1889 年，这部著作的俄译文《德国古典唯心主义哲学的危机》，在圣彼得堡出版的杂志《北方通报》第 3、4 期上发表。1890 年，这部著作被译成波兰文发表。1892 年，日内瓦劳动解放社发表了普列汉诺夫翻译的俄译文，同年，葡萄牙文译本问世。1894 年，劳·拉法格翻译并经恩格斯审阅的法译文，在巴黎出版的法国社会主义月刊《新纪元》第 4 期和第 5 期上发表。②这些传播

①《列宁选集》第 2 卷，人民出版社 2012 年版，第 310 页。

②《马克思恩格斯选集》第 4 卷，人民出版社 2012 年版，第 698—699 页。

加强了《费尔巴哈论》的世界影响。

### 1.《费尔巴哈论》对第二国际的创立和发展有直接的影响

探讨《费尔巴哈论》对工人运动的历史意义，首先要从第二国际的诞生谈起。1876 年第一国际解散以后，“每一个国家的无产阶级得到机会以独立自主的形式组织起来”①。1889 年 7 月 14—20 日，来自欧洲和美洲 22 个国家社会主义政党的 393 名代表，在巴黎召开国际社会主义工人代表大会。大会主要讨论国际劳工立法和无产阶级的斗争任务等问题，通过了规定 5 月 1 日为国际劳动节等决议。这次大会最重要的成就，是宣告第二国际登上历史的舞台。

在欧洲各个国家，工人们在承受多年的压迫以后才真正领会到，他们其实是一个负有特殊使命的新阶级。后来，这种对无产阶级本质的意识逐渐促使工人们组织起新的政党。这种政党是工人自己为自己组织起来的，是无产阶级的政治代表。与欧洲相比，美国资本主义工业化的发展属于后发追赶型的。那种使欧洲社会分裂的阶级斗争，在美国出现的时间要晚一些。在恩格斯发表《费尔巴哈论》的同年，这个新兴国家爆发了大规模的工人运动。经过艰苦的流血斗争，工人们建立了自己的政党。到 80 年代末，欧美各国的工人们纷纷成立了社会主义政党。这些政党要求以新的形式加强国际联系。第二国际就在这种背景下应运而生。第二国际不是各国独立政党的上级机

① 《马克思恩格斯全集》第 22 卷，人民出版社 1965 年版，第 479—480 页。

构，它主要是以通过大会决议的方式给各国工人运动指明前进方向。

恩格斯是国际社会主义工人代表大会的积极推动者。从《费尔巴哈论》的发表时间和大会的召开时间的吻合程度来看，我们可以大胆地认为，《费尔巴哈论》对第二国际的成立产生了直接的影响。事实也的确如此。《费尔巴哈论》中阐述的基本原理和方法论，指导了第二国际的筹备工作。当时，工联主义分子和可能派企图夺取国际工人运动的领导权。恩格斯对马克思主义哲学的实质及其革命意义的说明，帮助马克思主义战胜了各种机会主义幻想。这为工人们打碎工联主义分子和可能派的企图提供了理论基础。我们当然不能把第二国际诞生的功劳都归功于《费尔巴哈论》的发表。但是更不能否认，这一事件与《费尔巴哈论》及由此推动的马克思主义的传播是有关联的。以下事实证明了这个结论：会议现场悬挂着马克思的肖像，并打着“全世界无产者联合起来”“在政治上与经济上剥夺资产阶级，实行生产资料公有化”等马克思主义标语。这些标语不就是马克思恩格斯从历史唯物主义得出的必然结论吗？

在第二国际的发展过程中，恩格斯起了最主要的领导作用。1893 年 8 月，第三次国际社会主义工人代表大会在苏黎世召开，期间，马克思主义者同无政府主义者进行激烈的斗争。在最后一次会议上，主席团委托恩格斯以名誉主席的身份发布闭幕词。恩格斯在演说中表示：“你们对我的这种意料之外的盛大接待使我深受感动，我认为这不是对我个人的接待，我只是作为那个肖像就挂在那上面的伟人（指马克思）的战友来接受它的。自从马克思和我加入运动，在《德法年鉴》上发表头几篇社会主义的文章以来，已经整整五十年过去了。从那时起，社会主义从一些小的宗派发展成了一个使整个官方世界发抖的强大政党。马克思已经去世了，但是如果他现在还活着，那么在欧美两洲就不会有第二个人能怀着这样理所当然的自豪心情来回顾自己毕生的事业。”[①] 为推进他和马克思的共同事业，恩格斯晚年积极宣传他们的理论，指导无产阶级反对资产阶级的斗争。

1895 年 8 月，恩格斯因病逝世。从此，第二国际逐渐走向了歧途。德国社会民主党人伯恩施坦大肆宣扬他的修正主义理论。这种理论穿着马克思主义的外衣出场。但是，它的主要哲学基础是新康德主义。他坚持唯物主义的自然观，但是却以庸俗的进化论取代唯物辩证法，歪曲和抹黑历史唯物主义，否定阶级斗争理论。随着修正主义的泛滥，伯恩施坦及其追随者们逐步掌握了第二国际的领导权。恩格斯写作《费尔巴哈论》的一个重要目的，就是要批判新康德主义。现在，这个任务落到了列宁的肩上。列宁积极团结各个政党中的马克思主义者，与新康德主义的信徒伯恩施坦及其宗派，展开了激烈的斗争。

### 2.《费尔巴哈论》为俄国社会主义运动奠定了思想根基

在 19 世纪末 20 世纪初，俄国国内也流行着各种修正或者否定马克思主义的思潮。“合法马克思主义”者企图把新康德主

① 《马克思恩格斯全集》第 22 卷，人民出版社 1965 年版，第 479 页。

义同马克思主义混同起来，他们与伯恩施坦遥相呼应。“经济派”的改良主义是伯恩施坦主义的变种。经验批判主义则被第二国际的修正派利用来反对马克思主义哲学。列宁在《火星报》上和《怎么办》《唯物主义和经验批判主义》等著作中，对它们以及诸如此类的资产阶级思潮的反动性作了尖锐的批判，成功捍卫了马克思主义。后来，他又领导布尔什维克党，战胜以马尔托夫为代表孟什维克主义，建立了统一领导的马克思主义政党。

俄国社会主义运动的胜利，与《费尔巴哈论》的深远影响是分不开的。列宁说：“马克思和恩格斯在哲学上自始至终都是有党性的，他们善于发现一切‘最新’流派对唯物主义的背弃，对唯心主义和信仰主义的纵容。”[①]“哲学的党性”思想丰富和发展了恩格斯关于哲学基本问题的论述。列宁对各种修正或者反对马克思主义的思想倾向的批判，是要维护马克思主义哲学的纯洁性。他告诫我们，在各种错误派别的烦琐语句后面，“不能不看到哲学上的党派斗争，这种斗争归根到底表现着现代社会中敌对阶级的倾向和意识形态。最新的哲学像在两千年前一样，也是有党性的。唯物主义和唯心主义按实质来说，是两个斗争着的党派，而这种实质被冒牌学者的新名词或愚蠢的无党性所掩盖”[②]。

如果不是坚决捍卫哲学的党性，列宁及其领导布尔什维克党就不可能取得无产阶级革命的巨大胜利。拿俄国社会主义运

①《列宁选集》第2卷，人民出版社2012年版，第231页。
②《列宁选集》第2卷，人民出版社2012年版，第240页。

动最大的成果——十月革命的胜利——来说，它不但没有违背马克思主义哲学的党性，反而是创造性运用历史唯物主义的必然结果。

二月革命结束了沙皇俄国的统治。但是，由于当时无产阶级的觉悟水平和组织程度不高，革命的成果落到了资产阶级及其临时政府的手中。在《论无产阶级在这次革命中的任务》中，列宁提出由民主革命过渡到社会主义革命的设想。这遭到伯恩施坦、考茨基、普列汉诺夫、苏汉诺夫等人的强烈反对。他们把一些妄诞的企求强加给历史唯物主义，把马克思对西欧资本主义“来龙去脉”的历史分析和发展阶段的归纳，当作马克思发现一般的“历史哲学”和历史的“普遍规律”，强加到世界各国、各民族发展头上。他们提出，人类社会发展必须依次经历原始社会、奴隶社会、封建社会、资本主义社会、社会主义或共产主义社会的线性更替，而没有经历过资本主义经济充分发展的俄国，根本不具备建成社会主义制度的客观条件。事实恰恰相反，十月革命从实践上突破了线性更替的“历史哲学”，而进一步证明了马克思恩格斯发现的、真正的人类社会发展的普遍规律，即社会基本矛盾运动的规律。

20 世纪初，新科技革命和生产力的发展，带来了以生产和资本的集中为基础的垄断资本主义生产关系。这进一步激发了资本主义社会的基本矛盾。其结果就是资本主义发展到了帝国主义阶段。各国经济和政治发展的不平衡，导致了它们之间矛盾的加剧，引发了争夺殖民地的战争。这时，革命就有可能在俄国这一帝国主义链条上的薄弱环节取得突破。由于资产阶级临时政府的无能统治，各种社会矛盾变得极其尖锐，工人阶级表现出强大的革命性。俄国爆发了十月革命，使社会主义制度在苏维埃俄国成为现实。十月革命的爆发是必然的。结合恩格斯在《费尔巴哈论》的论证，可以得出这样的结论：十月革命是社会基本矛盾运动在俄国广大群众、整个民族和整个阶级的动机的反映，是由此引起的持久的重大历史变迁的行动。

## 三、中国共产党是《费尔巴哈论》精神的忠实传人

中国早期的先进知识分子为推动《费尔巴哈论》在国内的译介和传播做出了重要的贡献。这部著作最早的中文版由林超真翻译，发表在 1929 年 10 月上海沪滨书局出版的《宗教・哲学・社会主义》一书中。1929 年 12 月，由彭嘉生翻译的版本由上海南强书局出版。1937 年上海生活书店出版了张仲实的中译本。[①] 新中国成立以后，《费尔巴哈论》又重印过多次。它还长期被收录于中共中央编译局编译的《马克思恩格斯选集》《马克思恩格斯文集》《马克思恩格斯全集》中。这为中国共产党人学习和研究这部著作，提供了直接的中文材料。

1963 年，经毛泽东提议和亲自审定，中共中央提出中高级干部要学习 30 本马列著作。这些推荐书目包括马克思恩格斯的

① 《马克思恩格斯选集》第 4 卷，人民出版社 2012 年版，第 699 页。

著作 11 本、列宁的著作 11 本、斯大林的著作 5 本、普列汉诺夫的著作 3 本。在马克思恩格斯的著作中，就包括《费尔巴哈论》。1970 年 9 月，在庐山九届二中全会闭幕后不久，毛泽东对时任中共中央办公厅主任兼中央警卫局党委第一书记汪东兴说："有些同志自己不懂马列主义，自己都没有看过马列主义这一方面的书，发言时又要引用。我看还是要进行教育，还是要 250 多人（指中委、候补中委——作者注）中指定读点马列主义的书，30 多本太多，可在 30 本书内选些章节出来。此事请总理、康老办。"[①]周恩来等人根据毛泽东的指示，从 1963 年确定的 30 本书目中挑选出其中的 9 本。"周恩来等挑选的 9 本书是：《共产党宣言》《哥达纲领批判》《反杜林论》《费尔巴哈与德国古典哲学的终结》《帝国主义是资本主义的最高阶段》《国家与革命》《无产阶级革命和叛徒考茨基》《共产主义运动中的"左派"幼稚病》《论马克思、恩格斯及马克思主义》。"[②]在这个提供给毛泽东审议的书单中，《费尔巴哈论》也是在列的。而且从中可以看到，《费尔巴哈论》是指定的马克思恩格斯的 4 本著作之一（后面 5 本都是列宁的著作）。改革开放以后，这部著作也长期被列为党员干部学习马克思主义经典著作的推荐书目。

十八大以来，习近平总书记多次指出党员干部学习马克思主义经典著作的重要性，强调马克思主义经典著作思想深刻，

① 汪东兴：《汪东兴回忆：毛泽东与林彪反革命集团的斗争》，当代中国出版社 2010 年版，第 51 页。

② 陈晋：《毛泽东阅读史略（五）》，《中共党史研究》2013 年第 10 期。

要深入理解马克思主义的精神实质和思想精髓，必须专心致志地读、原原本本地读，努力掌握贯穿经典著作中的马克思主义立场观点方法，学懂学通马克思主义基本原理。他还特别强调，学习马克思主义哲学是我们党的“看家本领”。他在多次提出的党员领导干部学习马克思主义经典著作中，把系统阐述马克思主义哲学的《费尔巴哈论》，作为所推荐的必读著作。

中国共产党是《费尔巴哈论》精神的忠实传人。《费尔巴哈论》是对马克思主义哲学进行全面总结的成果。毛泽东说：“马克思主义有几门学问：马克思主义的哲学，马克思主义的经济学，马克思主义的社会主义——阶级斗争学说，但基础的东西是马克思主义哲学。这个东西没有学通，我们就没有共同的语言，没有共同的方法，扯了许多皮，还扯不清楚。”[①] 马克思主义哲学是马克思主义理论体系的基础，我们应该坚持用这一哲学来教育和武装全党。中国共产党自成立以来始终注重传承《费尔巴哈论》的精神实质。就其主要方面而言，这种传承有以下表现。

### 1. 中国共产党人是彻底的唯物主义者

马克思主义是唯物主义，而且是彻底的唯物主义，是马克思恩格斯把唯物主义世界观彻底运用到所研究的一切领域的理论产物。正如我们前面所谈到的，恩格斯从哲学的基本问题出发，概括了“彻底的唯物主义”的基本特征：这种唯物主义与

① 《毛泽东文集》第 6 卷，人民出版社 1999 年版，第 396 页。

唯心主义是根本对立的，与费尔巴哈的“半截的唯物主义”也有本质的不同，它善于从历史本身的、而不是主观臆造的联系中，把握人类历史发展的内在规律。

在延安时期，毛泽东为抗日军政大学讲授哲学。在《辩证法唯物论（讲授提纲）》中，他具体分析了哲学中的两军对战、唯心论与唯物论的区别、唯心论发生与发展的根源、唯物论发生与发展的根源以及无产阶级革命的武器——辩证法唯物论等问题。这是对恩格斯关于哲学基本问题的论述的深化。

对于恩格斯所说的“彻底的唯物主义”的基本特征，毛泽东在1941年的《改造我们的学习》中将其概括为实事求是的思想路线。什么叫“实事求是”？它对于共产党人而言意味着什么？用毛泽东的话来讲，“‘实事’就是客观存在着的一切事物，‘是’就是客观事物的内部联系，即规律性，‘求’就是我们去研究。我们要从国内外、省内外、县内外、区内外的实际情况出发，从其中引出其固有的而不是臆造的规律性，即找出周围事变的内部联系，作为我们行动的向导。……这是一个共产党员起码应该具备的态度。”[①]可见，能否做到“实事求是”，是衡量共产党人是否具有彻底的唯物主义世界观的根本标准。也就是说，如果坚持实事求是的思想路线，那么就是彻底的唯物主义者，反之亦然。

如何正确地坚持实事求是的思想路线，是中国共产党不懈

① 《毛泽东选集》第3卷，人民出版社1991年版，第801页。

探索的重要课题。长期以来，在某些理论宣传中有一个误解，即把毛泽东的“实事求是”说成是“一切从客观物质出发”。其实，毛泽东说的是从“客观存在着的一切事物”出发。“事物”不等于“物质”，“事物”其实是指“人事”即实践，正如毛泽东接着就补充强调的：“我们要从国内外、省内外、县内外、区内外的实际情况出发。”因此，要想做到实事求是，最根本的是要在唯物主义立场上确立实践第一的观点，而不是回到恩格斯在《费尔巴哈论》中批评过的旧唯物主义。也就是说，工作不能凭主观想象，不能凭空洞的、抽象的理论，而要立足于鲜活的社会生活实践。不依靠实践对客观事物进行深入的调查研究，就不会获得对事物规律性的认识，也就没有对问题的发言权。“你对于某个问题没有调查，就停止你对于某个问题的发言权。这不太野蛮了吗？一点也不野蛮。你对那个问题的现实情况和历史情况既然没有调查，不知底里，对于那个问题的发言便一定是瞎说一顿。瞎说一顿之不能解决问题是大家明了的，那末，停止你的发言权有什么不公道呢？”[①]这是毛泽东反复告诫我们的道理，也是中国共产党在革命战争年代和社会主义建设时期坚守的原则。

改革开放以来，在“实践是检验真理的唯一标准”原则的指导下，中国共产党以实事求是的态度不断推动事业的发展，取得了举世瞩目的发展成就。对此，邓小平从理论和实践两方

① 《毛泽东选集》第1卷，人民出版社1991年版，第109页。

面作了精辟的论述："学马列要精，要管用的。……实事求是是马克思主义的精髓。要提倡这个，不要提倡本本。我们改革开放的成功，不是靠本本，而是靠实践，靠实事求是。农村搞家庭联产承包，这个发明权是农民的。农村改革中的好多东西，都是基层创造出来，我们把它拿来加工提高作为全国的指导。实践是检验真理的唯一标准。我读的书并不多，就是一条，相信毛主席讲的实事求是。过去我们打仗靠这个，现在搞建设、搞改革也靠这个。我们讲了一辈子马克思主义，其实马克思主义并不玄奥。马克思主义是很朴实的东西，很朴实的道理。"①

### 2. 中国共产党人是学习和运用唯物辩证法的典范

关于唯物辩证法，恩格斯给我们提供了许多信息。辩证法是黑格尔哲学的革命方面。马克思主义通过改造扬弃了它原来的唯心主义装饰，发现了唯物辩证法。唯物辩证法的"唯物"方面，意味着它超越了唯心主义世界观。唯物辩证法的"辩证"方面，表明它是对以机械唯物主义为代表的旧形而上学思维的巨大胜利。唯物辩证法是马克思和恩格斯分析人类社会问题及其发展规律的根本武器。同样，它也是中国共产党人历来坚持的科学方法论原则。

毛泽东是中国共产党人中运用唯物辩证法来研究中国问题的杰出代表。他在《矛盾论》中指出，由于欧洲许多国家的资本主义工业化的发展，生产力、阶级斗争和科学都提升到前所

① 《邓小平文选》第3卷，人民出版社1993年版，第382页。

未有的水平，由此产生了马克思主义的唯物辩证法的宇宙观。关于唯物辩证法的内容和特点，毛泽东接着说：“和形而上学的宇宙观相反，唯物辩证法的宇宙观主张从事物的内部、从一事物对他事物的关系去研究事物的发展，即把事物的发展看做是事物内部的必然的自己的运动，而每一事物的运动都和它的周围其他事物互相联系着和互相影响着。事物发展的根本原因，不是在事物的外部而是在事物的内部，在于事物内部的矛盾性。”①

毛泽东是如何把他理解的唯物辩证法运用到实践中的呢？在革命战争时期，毛泽东运用唯物辩证法深入研究了一般战争的规律，研究了革命战争的规律，特别是研究了中国革命战争的规律。这是中国革命取得胜利的关键因素。在新中国成立以后，毛泽东又运用这一方法论正确分析了我国社会主义建设中带有全局性的十大关系，以及社会主义国家政治生活特别是人民内部矛盾的问题，等等。这些分析，为中国共产党推进社会主义建设提供了科学的思想指南。

改革开放以来，中国共产党同样重视运用唯物辩证法来研究中国问题。在坚持和发展中国特色社会主义的进程中，以邓小平、江泽民、胡锦涛、习近平等为代表的一代代中国共产党人，都是唯物辩证法的坚定践行者。在一定意义上，没有唯物辩证法的思维方式，就不会有改革开放和社会主义现代化建设的重大成就。而我们在历史上所遭受的困难和挫折，也同在实际工作中不切实贯彻唯物辩证法有着紧密的联系。

---

①《毛泽东选集》第 1 卷，人民出版社 1991 年版，第 301 页。

在新时代的历史条件下，习近平更是强调，我们的事业越是向纵深发展，就越要学习掌握唯物辩证法的根本方法，不断增强治国理政的辩证思维能力。他还指出："学习和运用唯物辩证法，就要反对形而上学的思想方法。……世界上只有形而上学最省力，因为它可以瞎说一气，不需要依据客观实际，也不受客观实际检查。而坚持唯物辩证法，则要求用大气力、下真功夫。我们一方面要加强调查研究，准确把握客观实际，真正掌握规律；另一方面要坚持发展地而不是静止地、全面地而不是片面地、系统地而不是零散地、普遍联系地而不是单一孤立地观察事物，妥善处理各种重大关系。任何主观主义、形式主义、机械主义、教条主义、经验主义的观点都是形而上学的思想方法，在实际工作中不可能有好的效果。"[①]

### 3. 中国共产党人是历史唯物主义的坚定践行者

恩格斯揭示了人类社会发展的客观基础、一般规律和主体力量，对历史唯物主义基本原理作了详尽的阐述。这三部分内容可以分别简称为历史基础论、历史规律论、历史主体论。它们之间是有严密的内在逻辑的。历史基础是历史主体发展的物质前提，也是历史规律中的决定性因素；历史规律是历史基础彰显现实性的体现，也是历史主体的行动指导；历史主体则是创造历史基础和实现历史规律的主体力量。坚持历史唯物主义必须坚持它们的辩证统一。而把三者统一于中国革命、建设和改

① 习近平：《辩证唯物主义是中国共产党人的世界观和方法论》，《求是》2019年第1期，第8页。

革的伟大实践中，是中国共产党贯彻这一科学理论的核心要义。

早在革命战争年代，毛泽东就指出：“我们的经济政策的原则，是进行一切可能的和必须的经济方面的建设，集中经济力量供给战争，同时极力改良民众的生活，巩固工农在经济方面的联合。”[①]中国革命成功的一个重要原因，在于深刻把握了中国革命战争的特点和规律，特别是认识到工农群众是社会革命和阶级斗争的主体力量。而要发动群众对于革命的积极性，就要首先解决他们的物质生产和经济生活的问题。这不就是坚持历史基础论、历史规律论、历史主体论的有机统一的体现吗？

新中国成立后，以毛泽东为代表的中国共产党人，同样注意实现三者的统一。坚持调动一切积极因素为社会主义事业服务的方针，注重发挥人民群众在社会主义改造和社会主义建设中的主人翁精神，是对人民作为历史主体的肯定。不断推进国家工业化的进程，目的在于巩固社会进步的物质基础。在工业化进程中建立和巩固社会主义制度，则是为了实现社会发展的客观规律。在一定意义上，我们可以说，中国共产党对自己的社会主义道路的艰辛探索，同样也是我们党把历史唯物主义运用于社会主义中国的实际的实践过程。

中国特色社会主义的实践，开启了中国共产党践行历史唯物主义的新征程。邓小平提出关于判断改革开放性质和工作成效的“三个有利于”标准。这是在整体上坚持历史唯物主义原

① 《毛泽东选集》第 1 卷，人民出版社 1991 年版，第 130 页。

理的最好体现。第一个有利于是“是否有利于发展社会主义社会的生产力”，坚持这个标准是对生产力的历史基础地位的把握。第二个有利于是“是否有利于增强社会主义国家的综合国力”,这要求我们要在遵循社会基本矛盾运动规律中推进国家的全面进步。第三个有利于是“是否有利于提高人民的生活水平”，它体现的是对马克思主义历史主体论的坚持。在“三个有利于”标准的指引下，中国共产党领导和依靠人民贯彻“发展是硬道理”的战略思想。在这一过程中，我们不断解放和发展生产力，不断改革和完善社会主义的生产关系和上层建筑，以最大限度地保障人民共享改革发展成果。

# 第八章　《费尔巴哈论》与建设新时代中国特色社会主义

对《费尔巴哈论》的研究，落脚点是为建设新时代中国特色社会主义提供有益的启发。这部著作之所以能成为习近平总书记推荐的马克思主义经典著作的代表性篇目之一，正是在于它对于坚持和发展新时代中国特色社会主义有深刻的启示意义。它告诉我们，必须以我国现时代的社会存在为基础更加能动地推进各项工作，必须让中国特色社会主义更加符合规律地向前发展，必须推动实现物的不断丰富和人的全面发展的统一。

## 一、在新时代社会存在的基础上更加能动地推进各项工作

马克思主义哲学为什么能够从根本上结束历史领域内的哲学？它为什么是思想史上唯一的真正结出果实的派别？首要的原因在于马克思恩格斯把观念的根源和整个历史的基础归结于“社会存在”（物质生活条件的总和）。我们研究《费尔巴哈论》的新时代意蕴，第一条启示就是：建设新时代中国特色社会主义，

必须把我国现时代的社会存在作为全部理论和实践的出发点。

真正的历史唯物主义者，总是懂得具体地历史地运用这一科学理论的指导。用邓小平的话来说，也就是“我们是历史唯物主义者，研究和解决任何问题都离不开一定的历史条件”[①]。习近平则指出，“我们党现阶段提出和实施的理论和路线方针政策，之所以正确，就是因为它们都是以我国现时代的社会存在为基础的”，而所谓“以我国现时代的社会存在为基础”，即“从我国现在的社会物质条件的总和出发”，也就是“从我国基本国情和发展要求出发”。[②]

那么，如何才能正确地立足于客观的社会存在，更加全面地认识新时代中国的国情，更加能动地运用推进各项工作？

### 1. 以我国现时代的社会存在为基础更加能动地推进各项工作，必须牢固树立实践第一的观点

作为社会物质因素的集中，社会存在不是从来就有的，而是人们实践活动的产物，并随着实践的发展而发展。把握我国现时代的社会存在，首先是要确立实践第一的观点。这一观点是历史唯物主义的核心观点，是中国共产党实事求是思想路线的理论基础。恩格斯说，对人类思想史上一切哲学怪论的最令人信服的驳斥是“实践”。在 1893 年 2 月致弗拉基米尔·雅科

① 《邓小平文选》第 2 卷，人民出版社 1994 年版，第 119 页。

② 《习近平在中共中央政治局第十一次集体学习时强调 推动全党学习和掌握历史唯物主义 更好认识规律更加能动地推进工作》，《人民日报》2013 年 12 月 5 日，第 1 版。

夫列维奇·施穆伊洛夫的信中，他还说道：“关于历史唯物主义的起源，在我看来，您在我的《费尔巴哈》(《路德维希·费尔巴哈和德国古典哲学的终结》)中就可以找到足够的东西——马克思的附录其实就是它的起源！”[①] 马克思的附录也就是《关于费尔巴哈的提纲》，而这一提纲阐明了实践在社会生活中的本质地位。这至少说明，如果不是立足于“实践的唯物主义”理论立场，历史唯物主义就不可能得以诞生。

坚持实践第一的观点，必须正确把握实践和理论的关系，坚持实践探索和理论指导的辩证统一。一方面，实践决定理论的存在和发展。一旦脱离实践这一源泉和动力，理论就会成为无源之水，就会丧失活力和生命力。“问题的解决，一点也不能离开实践。无论何人要认识什么事物，除了同那个事物接触，即生活于（实践于）那个事物的环境中，是没有法子解决的。……如果要直接地认识某种或某些事物，便只有亲身参加于变革现实、变革某种或某些事物的实践的斗争中，才能触到那种或那些事物的现象，也只有在亲身参加变革现实的实践的斗争中，才能暴露那种或那些事物的本质而理解它们。”[②]

时代是思想之母，实践是理论之源。当代中国正经历着我国历史上最为广泛而深刻的社会变革，也正在进行着人类历史上最为宏大而独特的实践创新。中国特色社会主义进入新时代，这是一个需要理论而且一定能够产生理论的时代，是一个需要

① 《马克思恩格斯选集》第 4 卷，人民出版社 2012 年版，第 637 页。
② 《毛泽东选集》第 1 卷，人民出版社 1991 年版，第 286—287 页。

思想而且一定能够产生思想的时代。习近平新时代中国特色社会主义思想，正是在把握世界发展大势、应对全球共同挑战、维护人类共同利益的过程中创立并不断丰富发展的，正是在中华民族迎来从站起来、富起来到强起来的伟大飞跃中创立并不断丰富发展的，正是在不断推进党的自我革命，实现党自我净化、自我完善、自我革新、自我提高的过程中创立并不断丰富发展的，正是在对科学社会主义理论与实践的深邃思考、深刻总结，对坚持和发展中国特色社会主义的不懈探索、砥砺前行中创立并不断丰富发展的。① 这四个方面共同构成习近平新时代中国特色社会主义思想的实践之源。

而另一方面，理论对实践还具有能动的反作用。恩格斯之所以批评施达克和庸俗唯物主义把对理想目的的追求叫作唯心主义的观点，之所以肯定黑格尔体系中的合理因素，之所以认为历史唯物主义一开始就是面向工人阶级的，与他看到意识形态的能动作用是不可分的。这给我们的深刻启示是，建设新时代中国特色社会主义，必须在实践探索的过程中更加“能动地”发挥理论的指导作用。

习近平说：“理论对规律的揭示越深刻，对社会发展和变革的引领作用就越显著。我们坚持和发展中国特色社会主义，必须高度重视理论的作用，增强理论自信和战略定力，对经过反复实践和比较得出的正确理论，不能心猿意马、犹豫不决，要

① 《习近平新时代中国特色社会主义思想学习纲要》，学习出版社、人民出版社2019年版，第1—5页。

坚定不移坚持。”[①] 进入新时代以后，一个重大的时代课题摆在中国共产党人的面前。这个课题就是如何从理论与实践的结合上回答“新时代坚持和发展什么样的中国特色社会主义、怎样坚持和发展中国特色社会主义”[②]。习近平新时代中国特色社会主义思想就是对这一重大课题的实践探索成果。习近平新时代中国特色社会主义思想，体系严整、逻辑严密、内涵丰富、博大精深，闪耀着马克思主义真理光辉。这一思想贯通马克思主义哲学、政治经济学、科学社会主义，贯通历史、现实和未来，贯通改革发展稳定、内政外交国防、治党治国治军等各领域，既坚持了老祖宗，又讲了很多新话，使我们党对共产党执政规律、社会主义建设规律、人类社会发展规律的认识达到了新高度，为发展马克思主义作出了原创性贡献。[③] 它是 21 世纪马克思主义、当代中国马克思主义。习近平新时代中国特色社会主义思想的重要意义，不仅表现为在理论上开辟了马克思主义发展的新境界，更体现在在实践中成为新时代推进中国特色社会主义事业、实现中华民族伟大复兴的基本遵循和行动指南。党的十八大以来，党和国家事业之所以取得全方位、开创性历史成就，发生深层次、根本性历史变革，根本在于以习近平同志

① 习近平：《辩证唯物主义是中国共产党人的世界观和方法论》，《求是》2019 年第 1 期，第 8 页。

② 习近平：《决胜全面建成小康社会　夺取新时代中国特色社会主义伟大胜利——在中国共产党第十九次全国代表大会上的报告》，人民出版社 2017 年版，第 18 页。

③《习近平新时代中国特色社会主义思想学习纲要》，学习出版社、人民出版社 2019 年版，第 9—10 页。

为核心的党中央的坚强领导，根本在于习近平新时代中国特色社会主义思想的科学指导。[①]

### 2. 以我国现时代的社会存在为基础更加能动地推进各项工作，必须科学把握新时代中国的最大实际

研究我国现时代的社会存在，离不开对我国的基本国情和发展要求的科学分析。其中，最基本的是要把握新时代中国的最大实际。全部的社会历史因素，归根到底都应该从社会的经济生活条件中得到解释。考察中国的客观实际，要坚持从这个观点出发来说明问题。从中国的现实状况来看，随着生产力的发展，我国经济社会的发展取得了突飞猛进的进步。但是，我国仍处于并将长期处于社会主义初级阶段的基本国情并没有变。这是新时代中国最大的客观实际。我们建设新时代中国特色社会主义，要坚持从这一客观实际出发制定政策、推动工作。如果脱离这个基本点，就要犯主观主义、异想天开的错误。

那么，为什么我国经济社会的发展没有改变这一基本国情？这与对社会主义初级阶段实质的理解有关。

早在改革开放初期，邓小平就指出："搞社会主义，一定要使生产力发达，贫穷不是社会主义。我们坚持社会主义，要建设对资本主义具有优越性的社会主义，首先必须摆脱贫穷。现在虽说我们也在搞社会主义，但事实上不够格。只有到了下世

① 《习近平新时代中国特色社会主义思想学习纲要》，学习出版社、人民出版社2019年版，第5页。

纪中叶，达到了中等发达国家的水平，才能说真的搞了社会主义，才能理直气壮地说社会主义优于资本主义。现在我们正在向这个路上走。”[①]所谓的“事实上不够格”，揭示了初级阶段的实质。

它说明我们已建立的社会主义，没有达到马克思恩格斯所说的“共产主义社会第一阶段”的资格。这也就是列宁所描述的超越资本主义文明的“社会主义社会”的资格。经过长期的发展，我国虽然已经跃升为世界第二大经济体，但是还是没有进入发达国家的行列。要建设对资本主义在经济、政治、文化、社会和生态等各方面都具有优越性的社会主义，仍任重道远。由于初级阶段实质的不变，所以，我们今天仍然要坚持发展是硬道理的战略思想。特别是要继续抓好以经济建设的中心工作，为坚持和发展中国特色社会主义、为实现中华民族伟大复兴打牢物质基础。

但是也要看到，社会主义初级阶段并不是一成不变的。随着中国特色社会主义进入新时代，我国经济社会的发展呈现出许多新的阶段性特点。习近平深刻指出：“我国社会生产力、综合国力、人民生活水平实现了历史性跨越，我国基本国情的内涵不断发生变化，我们面临的国际国内风险、面临的难题也发生了重要变化。过去长期困扰我们的一些矛盾不存在了，但新的矛盾不断产生，其中很多是我们没有遇到、没有处理过

① 《邓小平文选》第3卷，人民出版社1993年版，第225页。

的。如果守着我们对过去中国实际的认识不动，守株待兔，刻舟求剑，我们就难以前进。”[①]

新时代中国国情最显著的变化，就是社会主要矛盾发生了转化。随着生产力的进步，制约人民需要实现的主要因素已不再局限于“社会生产”方面。这一因素为“不平衡不充分的发展”所取代。同时，人民的需要也发展到了新的水平和层次。它从“物质文化需要”延伸为全方位的“美好生活需要”。习近平在党的十九大报告中强调：“中国特色社会主义进入新时代，我国社会主要矛盾已经转化为人民日益增长的美好生活需要和不平衡不充分的发展之间的矛盾。我国稳定解决了十几亿人的温饱问题，总体上实现小康，不久将全面建成小康社会，人民美好生活需要日益广泛，不仅对物质文化生活提出了更高要求，而且在民主、法治、公平、正义、安全、环境等方面的要求日益增长。同时，我国社会生产力水平总体上显著提高，社会生产能力在很多方面进入世界前列，更加突出的问题是发展不平衡不充分，这已经成为满足人民日益增长的美好生活需要的主要制约因素。”[②] 我们必须围绕解决好这一新的社会主要矛盾更加能动地推进新时代中国的发展。

① 习近平：《辩证唯物主义是中国共产党人的世界观和方法论》，《求是》2019 年第 1 期，第 6 页。

② 习近平：《决胜全面建成小康社会　夺取新时代中国特色社会主义伟大胜利——在中国共产党第十九次全国代表大会上的报告》，人民出版社 2017 年版，第 11 页。

### 3. 以我国现时代的社会存在为基础更加能动地推进各项工作，必须坚持正确的思维方法和工作方法

坚持唯物辩证法，是坚持历史唯物主义的本质要求，是正确把握我国现时代的社会存在的方法论前提。恩格斯不仅抨击机械唯物主义的形而上学思想方法，而且特别强调，唯物辩证法是他和马克思多年来从事研究工作所用的“最好的工具和最锐利的武器”。言下之意就是，如果没有唯物辩证法，马克思主义创始人就不可能发现人类历史辩证运动的奥秘，也就不可能创立历史唯物主义。

这启示我们，在新时代的语境下科学认识中国的国情和发展状况，应当充分坚持和发扬唯物辩证法。而把唯物辩证法作为方法论原则，最根本的是要确立坚持问题导向的思想方法。习近平提出一个重要的创新性论断，也就是“坚持问题导向是马克思主义的鲜明特点”①。之所以如此，在于它是唯物辩证法的集中体现，而且与历史唯物主义世界观有必然的深层关联。

坚持问题导向的实质是坚持矛盾分析法，而后者构成唯物辩证法的核心内容。毛泽东说：“什么叫问题？问题就是事物的矛盾。哪里有没有解决的矛盾，哪里就有问题。”② 简单地说，也就是，问题就是矛盾的表现形式。矛盾是事物内部或事物之间相互作用状态的反映。矛盾的普遍性、对立统一性，决定问

① 习近平：《在哲学社会科学工作座谈会上的讲话》，人民出版社 2016 年版，第 14 页。

② 《毛泽东选集》第 3 卷，人民出版社 1991 年版，第 839 页。

题是客观存在的，是可以被解决的。当然，怎么发现矛盾，从中筛选出何种矛盾，怎样研究和解决矛盾，最能体现出马克思主义的理论立场。历史唯物主义认为，这些过程只能在人们改造世界的实践活动中才能完成。习近平所强调的“坚持问题导向”，就是要在实践中把认识和化解矛盾作为打开工作局面的突破口。

坚持问题导向，首先要善于从复杂的矛盾中发现问题。中华民族伟大复兴，绝不是轻轻松松、敲锣打鼓就能实现的。对于新时代发展中的各种矛盾，以习近平同志为核心的党中央有着清醒的认识和把握。习近平指出：“当前，我国已经进入发展关键期、改革攻坚期、矛盾凸显期，我们面临的矛盾更加复杂，既有过去长期积累而成的矛盾，也有在解决旧矛盾过程中新产生的矛盾，大量的还是随着形势环境变化新出现的矛盾。这些矛盾许多是这个发展阶段必然出现的，是躲不开也绕不过去的。”[①] 他还强调：“我们共产党人的斗争，从来都是奔着矛盾问题、风险挑战去的。当前和今后一个时期，我国发展进入各种风险挑战不断积累甚至集中显露的时期，面临的重大斗争不会少，经济、政治、文化、社会、生态文明建设和国防和军队建设、港澳台工作、外交工作、党的建设等方面都有，而且越来越复杂。”[②]。

① 习近平：《辩证唯物主义是中国共产党人的世界观和方法论》，《求是》2019 年第 1 期。

② 《习近平在中央党校（国家行政学院）中青年干部培训班开班式上发表重要讲话强调　发扬斗争精神增强斗争本领　为实现“两个一百年”奋斗目标而顽强奋斗》，《人民日报》2019 年 9 月 4 日，第 1 版。

党的十八大以来，中国共产党提出了许多新思想新理念新战略。它们都是针对一些牵动面广、耦合性强的深层次矛盾。比如，全面深化改革战略的提出，目的在于化解“好吃的肉都吃掉了，剩下的都是难啃的硬骨头”[①]的改革深水区困境。比如，把塑造社会主义核心价值观作为凝魂聚气、强基固本的基础工程部署推进，是着眼于当前国内外各种思想价值观念多元共生、相互碰撞的新形势的客观选择。比如，提出“使市场在资源配置中起决定性作用和更好发挥政府作用”[②]，是旨在克服当前存在的各种市场乱象和倒逼政府转变职能。比如，把生态文明建设放在突出的战略位置，是对日益严重的环境污染和生态问题的现实回应。再比如，不断推进全面从严治党向纵深发展，则是应对新的历史条件下中国共产党执政面临的诸多复杂的考验、危险和斗争的内在要求。这些都是坚持问题导向思维方法的鲜明体现。

以问题为导向发展新时代中国特色社会主义，把认识和化解矛盾作为打开工作局面的突破口，必须处理好矛盾各方的关系。在不同的矛盾之间，有主要矛盾和次要矛盾之分。在同一矛盾内部，也分矛盾的主要方面和次要方面。“不了解矛盾各方的特点。这就叫做片面地看问题。或者叫做只看见局部，不看见全体，只看见树木，不看见森林。这样，是不能找出解决矛

①《习近平谈治国理政》，外文出版社 2014 年版，第 101 页。

②《中共中央关于全面深化改革若干重大问题的决定》，人民出版社 2013 年版，第 3 页。

盾的方法的。”[①] 通俗地讲，也就是我们的工作既要顾全面，又要抓重点。

“四个全面”战略布局的提出和推进，就是正确处理主要矛盾和次要矛盾、矛盾的主要方面和次要方面的关系的典型。习近平说：“党的十八大以来，我们提出要协调推进全面建成小康社会、全面深化改革、全面依法治国、全面从严治党，这‘四个全面’是当前党和国家事业发展中必须解决好的主要矛盾。在推进这‘四个全面’过程中，我们既要注重总体谋划，又要注重牵住‘牛鼻子’。比如，我们既对全面建成小康社会作出全面部署，又强调‘小康不小康，关键看老乡’；既对全面深化改革作出顶层设计，又强调突出抓好重要领域和关键环节的改革；既对全面推进依法治国作出系统部署，又强调以中国特色社会主义法治体系为总目标和总抓手；既对全面从严治党提出系列要求，又把党风廉政建设作为突破口，着力解决人民群众反映强烈的‘四风’问题，着力解决不敢腐、不能腐、不想腐的问题。”[②] 在推进“四个全面”战略布局的过程中，我们通过立足全局和优先解决重点问题，使许多矛盾实现了向有利方面的转化。

## 二、让中国特色社会主义更加符合规律地向前发展

邓小平说：“我坚信，世界上赞成马克思主义的人会多起来

① 《毛泽东选集》第 1 卷，人民出版社 1991 年版，第 312—313 页。

② 《习近平谈治国理政》第 2 卷，外文出版社 2017 年版，第 22—23 页。

的，因为马克思主义是科学。它运用历史唯物主义揭示了人类社会发展的规律。”[①] 这同样也是恩格斯在《费尔巴哈论》中反复告诉我们的核心思想。今天我们审视《费尔巴哈论》的时代意义，很重要的一条启示，就是要准确遵循人类社会发展规律，以坚持和发展新时代中国特色社会主义。用习近平在纪念马克思诞辰 200 周年大会上的话来讲，也就是说，我们要“自觉通过调整生产关系激发社会生产力发展活力，自觉通过完善上层建筑适应经济基础发展要求，让中国特色社会主义更加符合规律地向前发展”。[②]

为什么要让中国特色社会主义更加符合规律地向前发展？从思想史的角度来看，马克思主义的主要哲学来源是德国古典哲学，但是它超越旧哲学并“最终升华为马克思主义的根本原因，是马克思对所处的时代和世界的深入考察，是马克思对人类社会发展规律的深刻把握”[③]。恩格斯已经对此作了深刻的理论说明。

需要进一步看到的是，这同样也是中国共产党顺应历史经验和当前实践境遇的客观需要。习近平指出：“在革命、建设、改革各个历史时期，我们党运用历史唯物主义，系统、具体、历史地分析中国社会运动及其发展规律，在认识世界和改造世

---

① 《邓小平文选》第 3 卷，人民出版社 1993 年版，第 382 页。

② 习近平：《在纪念马克思诞辰 200 周年大会上的讲话》，《人民日报》2018 年 5 月 5 日，第 2 版。

③ 习近平：《在纪念马克思诞辰 200 周年大会上的讲话》，《人民日报》2018 年 5 月 5 日，第 2 版。

界过程中不断把握规律、积极运用规律，推动党和人民事业取得了一个又一个胜利。历史和现实都表明，只有坚持历史唯物主义，我们才能不断把对中国特色社会主义规律的认识提高到新的水平，不断开辟当代中国马克思主义发展新境界。”①

我们不禁要追问：在各个不同的历史时期，中国共产党究竟怎样理解和把握“中国社会运动及其发展规律”？为什么说对这一规律的把握“推动党和人民事业取得了一个又一个胜利”？随着中国特色社会主义进入新时代，如何“才能不断把对中国特色社会主义规律的认识提高到新的水平”？下面让我们一起来寻找这些问题的答案。

近代以来，外国资本主义的侵入，造成了中国封建自然经济的经济基础的解体。这在客观上为资本主义的发展创造了有利的条件。但是，帝国主义勾结中国封建势力压迫国内资本主义的发展。其结果是逐步把中国变成了一个半殖民地半封建社会。当辛亥革命以同旧势力的妥协而告终时，革命果实落到北洋军阀手里。大革命失败后，在蒋介石政府的统治下，官僚资本主义得到了发展。官僚资本主义，是由大地主和买办资产阶级掌控的经济形式。这种经济形式是依靠国家政权的力量而建立的。在旧中国，帝国主义、封建主义、官僚资本主义的相互交织，导致了腐朽的生产关系和上层建筑。这严重阻碍了生产

① 《习近平在中共中央政治局第十一次集体学习时强调 推动全党学习和掌握历史唯物主义 更好认识规律更加能动地推进工作》，《人民日报》2013年12月5日，第1版。

力的发展。当它们成为生产力发展的束缚时，那么，就必须对其进行调整和变革。

中国共产党准确把握了旧中国的社会基本矛盾运动状况。新民主主义革命成功的关键，在于尊重人类社会发展规律。“我们党领导的新民主主义革命，目的是取消帝国主义在中国的特权，消灭地主阶级和官僚资产阶级的剥削和压迫，改变买办的封建的生产关系，以及改变建立在这种经济基础之上的腐朽的政治上层建筑，确立人民民主专政为核心的新的政治上层建筑，从根本上解放被束缚的生产力。”[①]

新民主主义革命胜利的果实，就是1949年中华人民共和国的成立。我国已经成为一个独立自主的国家，确立了人民民主专政的政治制度。但是，新的生产关系还没有确立，上层建筑还有待巩固。从这个角度来解读，革命的任务还没有最终完成。因为我们还没有从根本上解放被束缚的生产力。中国共产党推进社会主义改造，就是要实现这一历史使命。社会主义改造适应了中国社会基本矛盾运动的要求。“我们对农业、手工业和资本主义工商业的社会主义改造，就是要变革资产阶级所有制，变革产生资本主义的根源的小私有制。”[②]这种变革的直接目的是确立社会主义的生产关系、巩固社会主义的上层建筑。而它的根本目的是要通过建立社会主义制度为生产力的发展开辟宽阔道路。

---

①《江泽民文选》第3卷，人民出版社2006年版，第273页。

②《建国以来重要文献选编》第9册，中央文献出版社2011年版，第292页。

1956 年确立社会主义制度以后，我国是否还存在社会基本矛盾运动？马克思恩格斯没有直接告诉我们答案。毛泽东回答说："在社会主义社会中，基本的矛盾仍然是生产关系和生产力之间的矛盾，上层建筑和经济基础之间的矛盾。"[①] 这是对人类社会发展规律认识的创造性发展。资本主义社会有基本矛盾，社会主义社会也有基本矛盾。只是它们的性质和特点不同。这两种社会形态的本质区别，表现为它们有着根本不同的生产关系和上层建筑。资本主义社会的基本矛盾有十足的对抗性。社会主义社会的基本矛盾则是非对抗性的。

在这一时期，成绩是主要的方面。由于善于把握社会主义社会的基本矛盾运动，我国在社会主义建设时期取得了前所未有的成就。我们实现了从"一穷二白"的落后国家到经济大国的跨越。我们建立了独立的比较完整的工业体系和国民经济体系，物质生产水平有了很大提高。我们巩固了生产资料公有制和按劳分配制度，完善了人民民主专政的国家政权，发展了教育、科学、文化、卫生、体育等事业，等等。要充分肯定这些来之不易的成就。

同时，也不能否认我们曾经犯下的严重错误。习近平说："我们是历史唯物主义者，没有过去就没有现在，不要全面否定过去的东西。比如我们讲全面否定'文化大革命'，这从政治上、从清算'文革'错误上讲是完全对的，但从历史上讲'文革'

---

① 《毛泽东文集》第 7 卷，人民出版社 1999 年版，第 214 页。

的历史也是割不断的。”[①] 这不是说不要彻底否定“文化大革命”理论以及在这一理论指导下的实践，而是说，要区分“文革”的错误和“文革”的历史，要学会从这一段历史中总结出深刻的教训。其实，过去我们所犯错误的思想根源，在于没有正确认识人类社会发展规律。“文革”的政治前提是“以阶级斗争为纲”（把社会主义社会中一定范围内存在的阶级斗争扩大化和绝对化），其理论基础则是以“阶级斗争规律”取代“社会基本矛盾运动规律”。

今天我们总结过去的教训，应该深刻认识到，每一个国家和民族，在某一历史阶段所存在的怎么样的阶级斗争，只是阶级社会中社会基本矛盾运动这一普遍规律的特殊表现形式。如前所述，恩格斯告诉我们，资产阶级和无产阶级的起源和发展是“由于纯粹经济的原因”，而它们的斗争“首先是为了经济利益而进行的”，也就是说阶级斗争“归根到底都是围绕着经济解放进行的”。从恩格斯同时期写作的《社会主义从空想到科学的发展》1892 年英文版导言中，也可以获得同样的答案。恩格斯把“历史唯物主义”描述为：“这种观点认为一切重要历史事件的终极原因和伟大动力是社会的经济发展，是生产方式和交换方式的改变，是由此产生的社会之划分为不同的阶级，是这些阶级彼此之间的斗争。”[②]

① 习近平：《干在实处走在前列——推进浙江新发展的思考与实践》，中共中央党校出版社 2016 年版，第 421 页。

② 《马克思恩格斯选集》第 3 卷，人民出版社 2012 年版，第 760 页。

1978年12月召开的党的十一届三中全会，果断地停止使用“以阶级斗争为纲”的口号。这次大会提出，必须把党和国家的工作重点转移到经济建设上来。从“以阶级斗争为纲”转移到“以经济建设为中心”，是正确认识人类社会发展规律的结果，是适应改革开放新时期社会基本矛盾运动的必然。什么叫改革？改革是社会主义制度的自我完善。社会主义制度包括生产关系和上层建筑两个方面。我们说完善社会主义制度，就是要调整社会主义生产关系和上层建筑中的薄弱环节和方面。这么做的目的是要解放生产力，也就是要进一步释放生产力的发展空间。

邓小平强调：“革命是解放生产力，改革也是解放生产力。推翻帝国主义、封建主义、官僚资本主义的反动统治，使中国人民的生产力获得解放，这是革命，所以革命是解放生产力。社会主义基本制度确立以后，还要从根本上改变束缚生产力发展的经济体制，建立起充满生机和活力的社会主义经济体制，促进生产力的发展，这是改革，所以改革也是解放生产力。过去，只讲在社会主义条件下发展生产力，没有讲还要通过改革解放生产力，不完全。应该把解放生产力和发展生产力两个讲全了。”[①] 改革开放以来，中国共产党不断在社会基本矛盾运动中解放和发展生产力，把中国特色社会主义事业推上了一个个的新台阶。

① 《邓小平文选》第3卷，人民出版社1993年版，第370页。

如何进一步在理论和实践上正确认识人类社会发展规律，是摆在新时代中国共产党人面前的重大时代课题。在纪念马克思诞辰200周年大会上的讲话中，习近平指出，学习马克思和马克思主义，第一条要义是“学习和实践马克思主义关于人类社会发展规律的思想”[①]。在新时代中国，把握关于人类社会发展规律的时代课题，其实也就是要“让中国特色社会主义更加符合规律地向前发展”。这是一项系统的工程，至少需要从以下方面共同着力。

第一，让中国特色社会主义更加符合规律地向前发展，要适应新时代中国社会基本矛盾运动的变化，来推进改革再出发的征程。

在主持中央政治局第十一次集体学习时，习近平强调：“坚持和发展中国特色社会主义，必须不断适应社会生产力发展调整生产关系，不断适应经济基础发展完善上层建筑。改革开放三十五年来，我国经济社会发展取得了重大成就，根本原因就是我们通过不断调整生产关系激发了社会生产力发展活力，通过不断完善上层建筑适应了经济基础发展要求。我们进行经济体制改革，进行政治体制、文化体制、社会体制、生态文明体制和党的建设制度改革，都是出于这个目的。”[②]他还说道：“我们提出进行全面深化改革，就是要适应我国社会基本矛盾运动

① 习近平：《在纪念马克思诞辰200周年大会上的讲话》，《人民日报》2018年5月5日，第2版。

②《习近平关于协调推进“四个全面”战略布局论述摘编》，中央文献出版社2015年版，第74页。

的变化来推进社会发展。社会基本矛盾总是不断发展的，所以调整生产关系、完善上层建筑需要相应地不断进行下去。改革开放只有进行时、没有完成时，这是历史唯物主义态度。”①

新时代推进全面深化改革，目的就是要让中国特色社会主义更加符合规律地向前发展。习近平深刻指出：“相比过去，新时代改革开放具有许多新的内涵和特点，其中很重要的一点就是制度建设分量更重，改革更多面对的是深层次体制机制问题，对改革顶层设计的要求更高，对改革的系统性、整体性、协同性要求更强，相应地建章立制、构建体系的任务更重。新时代谋划全面深化改革，必须以坚持和完善中国特色社会主义制度、推进国家治理体系和治理能力现代化为主轴，深刻把握我国发展要求和时代潮流，把制度建设和治理能力建设摆到更加突出的位置，继续深化各领域各方面体制机制改革，推动各方面制度更加成熟更加定型，推进国家治理体系和治理能力现代化。”②党的十九届四中全会围绕“坚持和巩固什么、完善和发展什么”这个重大政治问题，专题部署坚持和完善中国特色社会主义制度、推进国家治理体系和治理能力现代化问题。全会通过的《中共中央关于坚持和完善中国特色社会主义制度　推进国家治理

① 《习近平在中共中央政治局第十一次集体学习时强调　推动全党学习和掌握历史唯物主义　更好认识规律更加能动地推进工作》，《人民日报》2013年12月5日，第1版。

② 习近平：《关于〈中共中央关于坚持和完善中国特色社会主义制度　推进国家治理体系和治理能力现代化若干重大问题的决定〉的说明》，《人民日报》2019年11月6日，第4版。

体系和治理能力现代化若干重大问题的决定》系统概括了我国国家制度和国家治理体系历史性成就和显著优势，并提出一系列重要理论观点和重大改革举措：坚持和完善党的领导制度体系，提高党科学执政、民主执政、依法执政水平；坚持和完善人民当家作主制度体系，发展社会主义民主政治；坚持和完善中国特色社会主义法治体系，提高党依法治国、依法执政能力；坚持和完善中国特色社会主义行政体制，构建职责明确、依法行政的政府治理体系；坚持和完善社会主义基本经济制度，推动经济高质量发展；坚持和完善繁荣发展社会主义先进文化的制度，巩固全体人民团结奋斗的共同思想基础；坚持和完善统筹城乡的民生保障制度，满足人民日益增长的美好生活需要；坚持和完善共建共治共享的社会治理制度，保持社会稳定、维护国家安全；坚持和完善生态文明制度体系，促进人与自然和谐共生；坚持和完善党对人民军队的绝对领导制度，确保人民军队忠实履行新时代使命任务；坚持和完善“一国两制”制度体系，推进祖国和平统一；坚持和完善独立自主的和平外交政策，推动构建人类命运共同体；坚持和完善党和国家监督体系，强化对权力运行的制约和监督。①

第二，让中国特色社会主义更加符合规律地向前发展，要从社会基本矛盾的辩证逻辑出发，协调推进“五位一体”总体布局。

---

①《中共中央关于坚持和完善中国特色社会主义制度　推进国家治理体系和治理能力现代化若干重大问题的决定》，《人民日报》2019 年 11 月 6 日，第 4 版。

有一种观点认为，马克思恩格斯是庸俗的物质决定论者，历史唯物主义仅仅承认经济条件的主导作用。人类社会只是生产力自动运动的结果吗？历史唯物主义排斥物质以外的其他因素对历史的影响吗？恩格斯在《费尔巴哈论》及后来的其他文献中显然都不是这么认为的。在 1894 年致瓦尔特·博尔吉乌斯的信中，恩格斯就说道："我们把经济条件看做归根到底制约着历史发展的东西。……政治、法、哲学、宗教、文学、艺术，等等的发展是以经济发展为基础的。但是，它们又都互相作用并对经济基础发生作用。这并不是说，只有经济状况才是原因，才是积极的，其余一切都不过是消极的结果，而是说，这是在归根到底不断为自己开辟道路的经济必然性的基础上的相互作用。"[①]

习近平同样强调了社会基本矛盾内在的辩证逻辑。他说："物质生产是社会历史发展的决定性因素，但上层建筑也可以反作用于经济基础，生产力和生产关系、经济基础和上层建筑之间有着作用和反作用的现实过程，并不是单线式的简单决定和被决定逻辑。"[②]对于基本矛盾的各个组成部分，如果换一种视角来解读，可以发现生产力、生产关系构成"经济"，政治的和法律的上层建筑构成"政治"，思想上层建筑构成"文化"。习近平从社会基本矛盾的辩证逻辑出发创造性地把这种"三位一

---

①《马克思恩格斯选集》第 4 卷，人民出版社 2012 年版，第 649 页。

②《习近平在中共中央政治局第十一次集体学习时强调 推动全党学习和掌握历史唯物主义 更好认识规律更加能动地推进工作》，《人民日报》2013 年 12 月 5 日，第 1 版。

体”拓展为“五位一体”：经济、政治、文化、社会、生态文明。“五位一体”总体布局思想，是新时代的重大理论和实践创新，它带来了发展理念和发展方式的深刻转变。“五位一体”各方面相互联系、相互促进、不可分割，共同构筑起中国特色社会主义事业的全局。习近平多次指出，中国特色社会主义是全面发展的社会主义。在新时代，要按照“五位一体”总体布局的整体性目标要求，坚持以经济建设为中心，促进经济、政治、文化、社会、生态文明建设各方面相协调，推动生产关系与生产力、上层建筑与经济基础相适应，推进中国特色社会主义事业全面发展、全面进步。①

第三，让中国特色社会主义更加符合规律地向前发展，要立足于社会基本矛盾运动的整体性，统筹推进“四个全面”战略布局。

建设新时代中国特色社会主义，必须准确理解新时代中国社会基本矛盾运动的整体性。社会基本矛盾是一个有机整体。习近平说：“只有把生产力和生产关系的矛盾运动同经济基础和上层建筑的矛盾运动结合起来观察，把社会基本矛盾作为一个整体来观察，才能全面把握整个社会的基本面貌和发展方向。”②这其实是历史唯物主义的重要观点。马克思和恩格斯从来都没

①《习近平新时代中国特色社会主义思想学习纲要》，学习出版社、人民出版社2019年版，第29页。

②《习近平在中共中央政治局第十一次集体学习时强调 推动全党学习和掌握历史唯物主义 更好认识规律更加能动地推进工作》，《人民日报》2013年12月5日，第1版。

有割裂过社会基本矛盾构成要素之间的内在联系。

作为新时代坚持和发展中国特色社会主义的总方略,“四个全面”战略布局是对这一整体性逻辑的把握和创造性运用。“四个全面”相辅相成、相得益彰,是由“一个目标、三个举措”构成的完整系统。全面建成小康社会是涉及生产力、生产关系、上层建筑各个环节的战略目标。它最基础的衡量标准是生产力的发展质量和程度。就是说,我们不能脱离生产力的基础空谈全面建成小康社会。全面深化改革、全面依法治国、全面从严治党则是旨在调整生产关系或上层建筑的战略举措。在新时代统筹推进“四个全面”战略布局,目的是要在整体性思维中协调好以下两方面的工作:完善中国特色社会主义生产关系使之适应生产力的发展要求、完善中国特色社会主义上层建筑使之适应经济基础的发展状况。

## 三、推动实现物的不断丰富和人的全面发展的统一

《费尔巴哈论》既揭示了生产力对社会历史的决定作用,以社会存在来解释历史进步的根源;同时又提出人的合力决定历史的走向,认为广大人民群众的动机构成历史的真正的最后动力的动力。恩格斯关于社会历史发展的客观规律性与人的活动的主体性的关系的论证告诉我们,这两方面的思想其实是本质一致的。生产力决定论与历史合力论统一于历史唯物主义之中,而把握这两者的内在联系,是研究《费尔巴哈论》得出的基本

结论。

这对于建设新时代中国特色社会主义的启示，正如习近平所说："我们讲不要简单以国内生产总值增长率论英雄，要看全面工作水平，就是说要按照生产力发展规律去发展，而不要违背规律蛮干。我们要正确运用生产力标准，推动实现物的不断丰富和人的全面发展的统一。"[①]为什么要推动实现物的不断丰富和人的全面发展的统一？这要从生产力决定论和历史合力论的统一的可能性谈起。让我们来对此进行理论论证。

苏联学者鲁宾斯坦说："人们的有意识的活动，既依赖于他们的生活的客观情况，同时又改变着这些情况。……只有把客观条件和人们的活动在其相互依赖性中来加以考察，人们的存在、他们的生活才能在它们的规律性中表现出来。这就意味着，决定性也能推广到主体及其活动，而同时主体以自己的活动参加着事件的决定作用，如果从规律性的链条中排除了主体、人们、人们的活动，那末这链条是不能接合起来的。人们所参加的事件的合乎规律的进程，不是与人们的意志无关地，而是通过人们的意志；不是与他们的有意识的行动无关地，而是通过这种行动而实现的。"[②]这一段论述对我们很有启发意义。

历史唯物主义是把决定性推广到主体及其活动的，它认为后者的缺失会导致历史中的规律性的链条不能接合起来。在《费

①《习近平关于协调推进"四个全面"战略布局论述摘编》，中央文献出版社 2015 年版，第 75 页。

②［苏］谢·列·鲁宾斯坦：《存在和意识》，赵璧如译，生活·读书·新知三联书店 1980 年版，第 350 页。

尔巴哈论》中，恩格斯正是在探讨什么是人类社会发展规律的过程中提出历史合力论思想的。其实，他所揭示的人类社会发展规律，并不能脱离人而存在，并不是与主体无关的。从社会基本矛盾运动规律的表述来看，它没有直接涉及人。但事实不是这样的。这一表述看似不包含主体因素，实际上却鲜明体现了人的感性活动的本质。生产力是人的生产力，同样，生产关系和上层建筑也是如此，而且促进这些因素相互作用的主体力量也只能是活生生的人。一句话，历史规律就是人的实践活动的规律。如果用恩格斯在《反杜林论》中的话来说，这就是“人们自己的社会行动的规律”①。习近平继承和发展了这一思想，在总结改革开放的伟大成就和宝贵经验时，他深刻指出：“历史发展有其规律，但人在其中不是完全消极被动的。只要把握住历史发展大势，抓住历史变革时机，奋发有为，锐意进取，人类社会就能更好前进。”②

推动实现物的不断丰富和人的全面发展的统一，是历史唯物主义的实践要求，也是社会主义制度的独特优势。就是说，与资本主义社会不同，社会主义社会的生产关系和上层建筑能够保障生产力归人民所有。马克思早就深刻指出：资产阶级的统治“既不会使人民群众得到解放，也不会根本改善他们的社会状况，因为这两者不仅仅决定于生产力的发展，而且还决定

---

① 《马克思恩格斯选集》第 3 卷，人民出版社 2012 年版，第 671 页。

② 习近平：《在庆祝改革开放 40 周年大会上的讲话》，《人民日报》2018 年 12 月 19 日，第 2 版。

于生产力是否归人民所有”[1]。在改革开放新时期，邓小平也提出：“我们是社会主义国家，社会主义制度优越性的根本表现，就是能够允许社会生产力以旧社会所没有的速度迅速发展，使人民不断增长的物质文化生活需要能够逐步得到满足。按照历史唯物主义的观点来讲，正确的政治领导的成果，归根结底要表现在社会生产力的发展上，人民物质文化生活的改善上。”[2]

新时代坚持和发展中国特色社会主义，必须推动实现物的不断丰富和人的全面发展的统一。而要做到这一点，实质是要坚持以人民为中心的发展思想。这里的“发展”，既指“物”的发展，又指“人”的发展，但是归根到底是指“人”的发展。因为“物”是死的，而人是“活”的。我们不可能要求“人”为了“物”的发展而存在，否则就是把“活人”给物化了。

坚持以人民为中心的发展思想，是坚持人民立场的时代表达。“人民立场是中国共产党的根本政治立场，是马克思主义政党区别于其他政党的显著标志。”[3]人民立场包含两重含义：一是指把人民当作“依靠力量”，坚持人民是历史创造者的观点；二是指把人民当作“服务对象”，坚持全心全意为人民服务的观点。由此可以延伸出“坚持以人民为中心的发展思想”的内涵：“发展”既要“依靠人民”（依靠人民创造历史伟业），又要“服务人民”（把人民对美好生活的向往作为奋斗目标）。“坚持以人

① 《马克思恩格斯选集》第 1 卷，人民出版社 2012 年版，第 861 页。

② 《邓小平文选》第 2 卷，人民出版社 1994 年版，第 128 页。

③ 《习近平谈治国理政》第 2 卷，外文出版社 2017 年版，第 40 页。

民为中心的发展思想，进一步科学回答了实现什么样的发展、怎样实现发展的问题，深刻揭示了实现更高质量、更有效率、更加公平、更可持续发展的必由之路，深化了我们党对中国特色社会主义经济发展规律的认识，有力指导了我国新的发展实践，开拓了中国特色社会主义政治经济学新境界。”①

坚持以人民为中心的发展思想与坚持党对发展的领导原则是一致的。中国共产党之所以要坚守人民立场，是因为我们党是来自人民为了人民的马克思主义政党。习近平强调：“马克思主义是人民的理论，第一次创立了人民实现自身解放的思想体系。马克思主义博大精深，归根到底就是一句话，为人类求解放。……马克思主义之所以具有跨越国度、跨越时代的影响力，就是因为它植根人民之中，指明了依靠人民推动历史前进的人间正道。”②习近平还反复指出，党政军民学，东西南北中，党是领导一切的，是最高的政治领导力量。中国特色社会主义最本质的特征是中国共产党领导，中国特色社会主义制度的最大优势是中国共产党领导。中国共产党是中国特色社会主义事业的领导核心。党的领导是做好党和国家各项工作的根本保证，是战胜一切困难和风险的“定海神针”。坚持党对一切工作的领导，是党和国家的根本所在、命脉所在，是全国各族人民的利

① 《习近平新时代中国特色社会主义思想学习纲要》，学习出版社、人民出版社2019年版，第68页。

② 习近平：《在纪念马克思诞辰200周年大会上的讲话》，《人民日报》2018年5月5日，第2版。

益所在、幸福所在。[①]所以从本质上说，坚持以人民为中心的发展思想，就必须坚持党对发展的领导原则，而坚持党对发展的领导原则，就必须坚持以人民为中心的发展思想。

坚持以人民为中心的发展思想，关键在于落实。这其实就是要把“以人民为中心”理念贯彻到“发展”实践的方方面面。习近平指出：“以人民为中心的发展思想，不是一个抽象的、玄奥的概念，不能只停留在口头上、止步于思想环节，而要体现在经济社会发展各个环节。”[②]新时代在全党深入开展”不忘初心、牢记使命“主题教育，一个核心目的就是要引导党员干部把以人民为中心的发展思想落实到行动中。习近平强调：“我们党作为百年大党，如何永葆先进性和纯洁性、永葆青春活力，如何永远得到人民拥护和支持，如何实现长期执政，是我们必须回答好、解决好的一个根本性问题。我们党要求全党同志不忘初心、牢记使命，就是要提醒全党同志，党的初心和使命是党的性质宗旨、理想信念、奋斗目标的集中体现，越是长期执政，越不能丢掉马克思主义政党的本色，越不能忘记党的初心使命，越不能丧失自我革命精神。”[③]习近平还指出：“目前，一些党员干部为民服务不实在、不上心、不尽力，脱离群众。开展这次主题教育，就是要继续教育引导广大党员干部自觉践

① 《习近平新时代中国特色社会主义思想学习纲要》，学习出版社、人民出版社2019年版，第68页。

② 习近平：《在省部级主要领导干部学习贯彻党的十八届五中全会精神专题研讨班上的讲话》，人民出版社2016年版，第24页。

③ 习近平：《牢记初心使命，推进自我革命》，《求是》2019年第15期，第4页。

行党的根本宗旨，把群众观点、群众路线深深植根于思想中、具体落实到行动上，着力解决群众最关心最现实的利益问题，不断增强人民群众对党的信任和信心，筑牢党长期执政最可靠的阶级基础和群众根基。”①

以人民为中心的发展思想的落实，涉及党的全部工作，所以它是一项非常庞大的系统工程。下面我们主要抓住两个最重要的方面来谈一谈。

第一，保证全体人民在共建共享发展中有更多获得感。新时代中国特色社会主义的题中之义，就是要推动人民在共建共享发展中实现全面发展。“共建”是共同参与建设，共同为发展出谋划策、贡献力量。“与过去相比，现在，我们拥有的经济实力和财力大大提高了，我们掌握的各方面资源大大增加了，我们可以运用的科技手段大大丰富了，但我们必须牢记，世界上没有任何力量可以代替人民的力量”②。“共享”是共同享受发展的成果。在社会主义条件下，“人”的全面发展不仅取决于“物”的发展，更取决于“物”的发展是否归人民享有。发展搞得成功不成功，最终的判断标准是人民是否共同享受到了发展的成果。

“共享”以“共建”为前提，它反过来又是“共建”的催化剂。必须在共享发展中保障人民群众的获得感问题。这个问题

① 习近平：《在“不忘初心、牢记使命”主题教育工作会议上的讲话》，《求是》2019 年第 13 期，第 8 页。

② 《十七大以来重要文献选编》（中），中央文献出版社 2011 年版，第 1012 页。

解决好了，就能激发人民对于发展的首创精神，就能汇聚起国家发展的磅礴之力。然而，不容忽视的是，“我国经济发展的“蛋糕”不断做大，但分配不公问题比较突出，收入差距、城乡区域公共服务水平差距较大。在共享改革发展成果上，无论是实际情况还是制度设计，都还有不完善的地方”[①]。作为新发展理念的重要内容，共享发展理念不是凭空得来的，而是针对我国发展的这一突出矛盾和问题提出来的。共享是中国特色社会主义的本质要求，共享发展注重的是解决社会公平正义问题。[②]面对这种严峻挑战，习近平指出：“我们要着力解决人民群众所需所急所盼，让人民共享经济、政治、文化、社会、生态等各方面发展成果，有更多、更直接、更实在的获得感、幸福感、安全感，不断促进人的全面发展、全体人民共同富裕。”[③]

在新时代，以习近平同志为核心的党中央以前所未有的力度和决心推进脱贫攻坚战，就是要保证全体人民在共建共享发展中有更多获得感。党的十八大以来，党中央把脱贫攻坚作为全面建成小康社会的底线任务和标志性指标，作出一系列重大部署。党的十九大后，党中央把打好精准脱贫攻坚战作为全面建成小康社会的三大攻坚战之一。党中央还明确要求解决“两不愁三保障”突出问题，提出到2020年稳定实现农村贫困人口

---

①《习近平谈治国理政》第2卷，外文出版社2017年版，第200页。

②《习近平新时代中国特色社会主义思想学习纲要》，学习出版社、人民出版社2019年版，第68页。

③ 习近平：《在庆祝改革开放40周年大会上的讲话》，《人民日报》2018年12月19日，第2版。

不愁吃、不愁穿，义务教育、基本医疗、住房安全有保障，是贫困人口脱贫的基本要求和核心指标，直接关系攻坚战质量。[1]

第二，在推动新时代社会主要矛盾的解决中满足人民的美好生活需要。新时代我国社会主要矛盾是人民日益增长的美好生活需要和不平衡不充分的发展之间的矛盾。解决新的社会主要矛盾，要从理论上说清楚各种社会矛盾之间的关系。新时代中国存在着各种各样的社会矛盾，它们构成一个社会矛盾体系。这个体系主要包括社会基本矛盾、社会主要矛盾和各类具体的社会矛盾。其中，社会基本矛盾是其他一切社会矛盾的总根源，在社会矛盾体系中具有基础性地位。社会主要矛盾是社会基本矛盾的直接表现，而各类具体的社会矛盾则主要是社会主要矛盾在各领域的展开。所以，我们在实践中不仅要把握社会主要矛盾与社会基本矛盾的关系，更要把握社会主要矛盾与各类具体的社会矛盾的关系。

关于新时代社会主要矛盾转化论断的提出，是对我国社会基本矛盾的科学把握。社会基本矛盾与社会主要矛盾之间，是决定与被决定的关系。生产力的发展及其带来的基本矛盾的新变化，是主要矛盾发生转化的根本原因。习近平说："我国社会生产力已经快速发展起来，但发展中不平衡、不协调、不可持续问题依然突出，人口、资源、环境压力越来越大，上层建筑中的不适应问题也不断产生。怎么来解决这些问题，那就要坚

① 习近平：《在解决"两不愁三保障"突出问题座谈会上的讲话》，《求是》2019年第16期，第8页。

持历史唯物主义。”[①] 认识和解决新的主要矛盾，必须坚持社会基本矛盾理论框架，确切地说，是要发挥人对于推动社会基本矛盾运动的主体力量。

当然，指出社会基本矛盾与社会主要矛盾的关系还不够。我们还要对社会主要矛盾作深入的具体研究。新时代中国人民的美好生活需要日益广泛。“美好生活需要”对应于人们现实生活中的全方位需要，广泛涉及经济、文化、政治、社会、生态文明等领域。人民在某个领域的某个方面的生活需要，一旦受到这个方面的发展状况的制约，就产生了具体的社会矛盾。在一个领域中，有许许多多的具体的社会矛盾。我们要集中力量解决的是与社会主要矛盾紧密相关的具体矛盾。

解决好这些重要的具体矛盾，就是不断推动新时代社会主要矛盾的解决，就是不断满足人民的美好生活需要。比如，针对人民物质生活需要的变化与经济领域的供给体系不能适应这种变化之间的矛盾，我们提出要推进供给侧结构性改革。习近平说：“供给侧结构性改革的根本目的是提高社会生产力水平，落实好以人民为中心的发展思想。要在适度扩大总需求的同时，去产能、去库存、去杠杆、降成本、补短板，从生产领域加强优质供给，减少无效供给，扩大有效供给，提高供给结构适应性和灵活性，提高全要素生产率，使供给体系更好适应需求结构

①《习近平关于协调推进“四个全面”战略布局论述摘编》，中央文献出版社 2015 年版，第 75 页。

变化。”[①]再比如，针对人民对美好环境的需要与生态文明领域的环境污染问题之间的矛盾，我们提出“要加强生态文明建设，牢固树立绿水青山就是金山银山的理念，形成绿色发展方式和生活方式，把我们伟大祖国建设得更加美丽，让人民生活在天更蓝、山更绿、水更清的优美环境之中”[②]。这些都是在推动新时代社会主要矛盾的解决中满足人民的美好生活需要的实实在在的举措。

① 《习近平关于全面建成小康社会论述摘编》，中央文献出版社2016年版，第63—64页。

② 习近平：《在庆祝改革开放40周年大会上的讲话》，《人民日报》2018年12月19日，第2版。